W0197358

So isst ERFURT

Restaurants & ihre Rezepte

Ausgefragt, nachgekocht und zusammengetragen von Karoline Grossmann.

Ausgedacht, geplant und gestaltet von Frank Ziski.

Inhaltsverzeichnis

Alach

Kulinarischer Stadtplan

1. Peckham's
2. Texas Steaklounge
3. Kromers Restaurant und Gewölbekeller
4. Green Republic
5. Il Cortile
6. Zum Güldenen Rade
7. Restaurant Peberg
8. StefaDo's
9. Bab & Bab Koreanisches Bistro
10. Restaurant Magda
11. Zumnorde

Gera

Flutgraben

5

Petersberg

7

4

1

6

3

9

Domplatz

8

Anger

11

2

Hauptbahnhof

7

Warum dieses Buch?

Rezeptbücher gibt es viele und auch Restaurantführer in bedeutend namhafterer Ausführung. Warum also ein Buch über Erfurts kulinarische Landschaft? Und dann auch noch von zwei Zugezogenen? Frank Ziski und Karoline Großmann sind weder gebürtige Erfurter, noch Teil der Gastroszene Erfurts. Essen gehen gehört viel mehr zu den Hobbys der beiden und das nicht nur in Erfurt.

Taucht man etwas ein in die Welt der Fernsehköche und Sterneanwärter Deutschlands, stellt man aber schnell fest, dass Thüringen und seine Landehauptstadt dabei oft eher Unbekannte sind. Allzu oft kommt man in Erklärungsnot bei der Lagebeschreibung. Zwischen Eisenach und Weimar. Echt jetzt? Erfurts Lage ist doch absolut super und wenn man sich hier einmal genau umschaut, muss man sich doch sofort in Erfurt verlieben! Und Liebe geht ja bekanntlich auch durch den Magen.

Natürlich gehören die Klassiker nach Erfurt und die Thüringische Küche muss sich hinter anderen, wie der bayerischen oder schwäbischen nicht verstecken. Schwere Hausmannskost steht schließlich nicht nur in der Mitte Deutschlands gern auf dem Speiseplan und auch hier gibt es neben den regionalen Besonderheiten und unverwechselbaren Klassikern auch moderne Ansätze. Doch neben der Suche nach der besten Bratwurst, dem Kloß-tourismus und einem ostdeutschen Senf-Derby hat sich in Erfurt doch noch viel mehr entwickelt. Ob regional oder weltoffen – Erfurter Restaurants haben viel zu bieten, wenn man weiß, wo man suchen muss.
Auch hier finden sich einige Zugezogene, die es im Laufe ihrer Karriere nach Erfurt verschlagen hat und die hier-geblieben sind. Zu unser aller Glück.

Für dieses Buch haben sie den Blick hinter die Kulissen und hinein in die Profiküchen und Kochtöpfe gestattet. Was Erfurt so besonders macht, welche Restaurantbesuche einen Ausflug in die thüringische Landeshauptstadt besonders lohnenswert machen und wie man den Geschmack der Lieblingsgerichte auch zu Hause auf den eigenen Teller zaubert – all das findet sich auf den kommenden Seiten. Denn neben vielen Details haben unsere Köche und Gastronomen eben auch ihre eigenen Rezepte preisgegeben.

Über Puffbohnen

„Ob du eine Puffbohne bist, hab ich gefragt?" Wer keine ist, weiß wohl nichts damit anzufangen. Ein Schimpfwort? Keinesfalls! Etwas, das den Erfurter auszeichnet. Nämlich als echten Einheimischen und hier Geborenen. Ein echter Erfurter ist nämlich genau das: Eine Puffbohne. Dabei gibt es für dieses Schmetterlingsblütengewächs noch viele andere Bezeichnungen. Doch in Erfurt hat sich eben diese durchgesetzt.

Mit dem Etablissement aus dem Rotlichtviertel haben sie nichts zu tun. Vielmehr wird hier das Geräusch des Aufplatzens der Bohnen während der Zubereitung in den Namen integriert. In der Stadt mit langer Gartenbautradition und guten Voraussetzungen durch das milde Klima des Erfurter Beckens, wurde gern auch diese große Bohnenart angebaut. Die Bedeutung als wichtiger Nährstofflieferant ist mittlerweile in Vergessenheit geraten. Im Supermarkt sucht man sie unter diesem Namen vergebens, aber die Verbindung mit der Region und somit der Spitzname für die Erfurter ist geblieben. Heute bekommen neugeborene Erfurter diesen im wahrsten Sinne des Wortes in Form einer Plüschbohne in die Wiege gelegt.

Doch was macht den Erfurter, die Puffbohne als solche denn nun aus?

An Worte wird hier gern ein E angehängt und ein R verschluckt. Nein, man ernährt sich nicht nur von Klößen und Bratwurst, aber wenn, dann müssen sie natürlich original sein. Man ist gewohnt, verwunderten Ortsfremden zu erklären, dass man auf einer Brücke steht, auf der man das Wasser nicht sehen kann und weiß den Klang der größten freischwingenden mittelalterlichen Glocke der ganzen Welt zu schätzen. Und auch sonst, dass die Größe manchmal doch wichtig ist. Denn dass Erfurt genau die richtige Größe für eine Stadt hat – nicht zu groß und nicht zu klein – das ist eine Aussage, die sich immer wieder bei allen Besuchen und Gesprächen wiederholt. Auch in diesem Buch. (Aber sie haben es wirklich alle gesagt. Jeder tut das!)

Puffbohnen Bruschetta

Für 4 Portionen • Zubereitungsdauer: ca. 30 Minuten

- Ein Stangenbrot
  (Baguette, Ciabatta oder ähnliches)

- 250 g Rispentomaten
- 5 EL Olivenöl
- 2-3 Zweige frische Kräuter
  (Rosmarin oder Thymian)
- 1 TL Honig

- 1 kleine Knoblauchzehe
- 1 Schalotte
- 2 EL Weißweinessig
- 100 g Erbsen
- 250 g Puffbohnen
- 100 g Frischkäse
- Salz & Pfeffer

- 1 Handvoll Feldsalat (Babyspinat
  oder Brunnenkresse eignet sich auch)

- etwas Pecorino-Käse
- Öl oder Butter zum Anrösten

Die Tomaten zunächst mit Öl, Salz, Kräutern und etwas Honig in eine backfeste Form geben und im Ofen schmoren.

In der Zwischenzeit Schalotten und Knoblauch in Würfel schneiden. Mit etwas Fett in einer Pfanne anschwitzen und dann Erbsen und Puffbohnen hinzugeben. Alles mit etwas Weißweinessig oder Zitronensaft ablöschen. 2-3 Esslöffel davon zur Seite stellen um die Bruschetta später zu dekorieren. Der Rest geht zusammen mit dem Frischkäse in den Mixer.

Brot in Scheiben schneiden und mit etwas Olivenöl beträufeln. Danach in einer Pfanne knusprig anbraten. Darauf werden nun einige Blätter Salat gelegt. Für ganz große Erfurt-Fans würde sich hier auch Brunnenkresse eignen. Allerdings ist die schwer und nicht das ganze Jahr über zu bekommen.

Dann wird darauf die Bohnenpaste verteilt und am Ende werden die Bruschetta mit 1-2 Schmortomaten und etwas grob geriebenem Pecorino-Käse getoppt.

Die Bruschetta eignen sich wunderbar als Einstieg in ein echtes Erfurt-Menü.

Peckhams

Vom Domplatz aus sollte man sich einfach trauen, in die zahlreichen kleinen Gassen zwischen den Fachwerkhäusern abzutauchen. Es lohnt sich, nicht nur den offensichtlichen Hauptverkehrsadern der Stadt zu folgen. Das merkt man spätestens, wenn man vor dem Peckhams in der Pergamentergasse steht.

Im Sommer laden charmante Bistrotische schon auf dem Gehweg ein, die ein oder andere Mittagspause hier zu verbringen. Viel los ist in der kleinen Seitenstraße mit für Erfurt typischem Kopfsteinpflaster nicht. Noch gemütlicher wird es, sobald man den Innenraum des Peckhams betritt. Viele knuffige Sessel, kuschelige Sofas und bunt zusammengestellte Stühle an großen und kleinen Tischen. Ein Klavier, Kunst und der Duft von Kaffee. Fast könnte man meinen, im Wohnzimmer der Besitzerin Karina Both-Peckham zu sitzen. Wer sich ein wenig an England erinnert fühlt, irrt sich nicht. Karinas Papa kommt aus London und ihre englischen Wurzeln erkennt man nicht nur an der Einrichtung, sondern auch ganz regelmäßig in den Töpfen und Pfannen im Peckhams, hinter denen sie den Kochlöffel schwingt.

Für die einheimischen Puffbohnen ist dieser Ort sicher kein unbekannter.

Das Peckhams gibt es bereits seit 2008. Hier hat sich Karina Both-Peckham – oder wie sie selbst sagt „Mrs. Peckham" mit ihrem Mann einen Traum erfüllt. Die zwei kennen sich schon seit dem Studium, das gar nichts mit Gastronomie zu tun hatte. Dafür umso mehr mit Erfurt. Die Aussicht, hier zu studieren, zog die beiden damals nämlich in die Landeshauptstadt.

In irgendeiner WG-Küche begann dann auch das Ideenschmieden und der Traum, eines schönen Tages ein eigenes kleines Restaurant zu betreiben. Doch die Wenigsten lassen diesem frommen Wunsch auch Taten folgen.

Aber Karina wusste schon damals im Studium - Erfurt verdient so etwas! Kaffeehausketten und Bistros waren für das Stadtbild zu dieser Zeit noch ein Fremdwort. Hippe Läden, wie sie die Großstädte schon lang kannten, fehlten noch gänzlich. Karina war damit eine Vorreiterin. Das Potenzial in der Thüringer Landeshauptstadt hat sie aber von Anfang an gesehen. Auch wenn sich das Wohnen in Erfurt trotzdem sehr nach Landleben anfühlen kann, sagt sie selbst.

Ein kulinarischer Meltingpot in Erfurt

Vorreiter ist sie aber auch kulinarisch. Denn in den letzten Jahren ist nicht nur gesellschaftlich das Thema Ernährungsweise zunehmend größer geworden. Ob aus ethischen Gründen oder aufgrund von Unverträglichkeiten - auswärts Essen ist nicht für jeden immer ein Vergnügen. Auch privat hat sich die Inhaberin und Köchin des Peckhams mit verschiedenen Formen des Kochens beschäftigen müssen.

Vegetarisch, glutenfrei oder urzeitlich (was „Paleo" meint, falls sich das jemand schon immer gefragt hat) - viele Zutaten haben doch alle Gerichte gemeinsam. So entstand die Idee, jeden Tag Rezepte zuzubereiten, die in Null komma Nix für bis zu sechs verschiedene Ernährungsweisen geeignet sind. Das klingt kompliziert, doch soll wohl mit einem ausgeklügelten Komponentensystem gar nicht so schwer sein. Wo ein Wille, da auch ein Weg.

Ein in Gold gerahmter Schriftzug, der den Besucher förmlich dazu auffordert, Unverträglichkeiten oder spezielle Essgewohnheiten mitzuteilen, zeigt einmal mehr – Karina meint es ernst. Das beweisen auch die zahlreichen Rezeptbücher, die sie schon veröffentlicht hat. Unter „Iss dich glücklich" hat sie einen erfolgreichen Foodblog gestartet, Bücher geschrieben und gibt auch regelmäßig Kochkurse. Kochen darf einfach sein, Spaß machen und zu jedem Lebensmotto passen. Inspiration holt sie sich dafür überall. Gern kocht sie immer noch englische und ungarische Gerichte, die sie aus ihrer Kindheit kennt. Selbst ihr allererstes Kochbuch findet sich im Peckhams wieder – natürlich mit persönlichen Anmerkungen aus Kindheitstagen.

Aufgrund dieses besonderen Services ist das Mittagessen äußerst beliebt. Für jede Woche gibt es aktuelle Tagesgerichte, die im Vorfeld bestellt werden können. Ein Angebot von dem besonders die Berufstätigen im Umkreis Gebrauch machen, um die Brotdose mal für einen Tag zu Hause zu lassen.

Wer keine Zeit zum Verweilen hat, holt sich seine Portion einfach ab. Vegetarisch, laktosefrei oder mit einer extra Portion Schinken.

Neben sechs verschiedenen Varianten gehören im Peckhams eben auch Toleranz und Respekt auf den täglichen Speiseplan. Diskutiert wird an den Tischen dann über andere Themen, denn jeder akzeptiert die Essgewohnheiten des anderen und vertraut auf Karinas Umsicht in der Küche. Regionale Produkte, selbstgezogenes Gemüse und Nachhaltigkeit sind für die Köchin nämlich genauso wichtig. Davon kann man sich dann auch online überzeugen, denn sogar der Blick in den eigenen Garten wird ermöglicht.

Online kann man auch immer den aktuellen Wochenplan finden und sich so schon am besten einige Tage im Vorfeld den Mittagstisch reservieren. Nach einem Stadtbummel durch Erfurts Innenstadt ist das Peckham's der optimale Platz zum Durchatmen und Kraft tanken.

Für den kleinen Hunger lohnt sich auch ein Besuch am Nachmittag, denn dann gibt es hier leckere selbstgebackene Kuchen, Gebäcke und selbst geschmierte Sandwiches von Karinas Mann Wolfram.

 International
Bistro & Café

 www.peckhams.de
0361 / 341 996 91

 Pergamentergasse 11
99084 Erfurt

Kürbis-Kokosmilch-Ragout

mit schwarzem Sesam • Für 4 Portionen • Zubereitungsdauer: ca. 45 Minuten

- 1 kleiner Hokkaido-Kürbis, ca. 500 g
- 800 ml Kokosmilch
- 1 EL Kokosfett
- 20 g Ingwer
- 1 rote Chilischote
- Saft & Schale einer halben Bio-Zitrone
- 1 gehäufter TL Curry
- 2 EL schwarzer Sesam
- 2 Stiele frischer Koriander
- 1 Handvoll Babyspinat
- 2 EL Granatapfelkerne
- 4 EL Kokosjoghurtalternative
- Salz

Kürbis waschen, entkernen und in mundgerechte Würfel schneiden. Ingwer und Chili waschen und fein hacken. Mit Kokosfett in einem Topf anschwitzen lassen. Curry und anschließend Kürbis mit einer Prise Salz dazugeben und bei kleiner Hitze unterrühren.

Mit Kokosmilch ablöschen und bei mittlerer Hitze unter gelegentlichem Rühren köcheln lassen, bis der Kürbis weich ist. Mit Salz abschmecken. Zitrone waschen, Zitronenschale abreiben und mit dem Saft der Zitrone zum Kürbis-Ragout dazugeben und unterrühren.

Sesam in einer Pfanne anrösten, Babyspinat und Korianderblätter waschen und gut abtropfen lassen. Suppe mit einem Klecks Kokosjoghurtalternative, Babyspinat, Koriander, Granatapfelkernen und Sesam garniert servieren.

Das Ragout mit Reis servieren. Als Lowcarb- und Paleo-Beilage eignet sich Blumenkohl'reis'. Ohne Beilage schmeckt das Ragout auch als sättigender Eintopf.

Dieses Rezept ist von Natur aus glutenfrei, laktosefrei, vegan, vegetarisch, lowcarb und paleo.

Tipp: Dazu passen gebratene Hühnerfiletstreifen.

Bubble & Squeak

Für 4 Portionen • Zubereitungsdauer: ca. 45 Minuten

- 1 EL Butter
- 1 Handvoll frischer Thymian und Rosmarin
- 500 g gekochte, geschälte Kartoffeln
- 400 g blanchiertes Gemüse nach Wahl (Möhren, Pastinaken, Erbsen)
- 50 g Cheddar
- 50 g Rucola
- 200 g bunte Blattsalate
- 100 g Schmand
- 10 ml Crema di Balsamico

ZUBEREITUNG

Möhren und Pastinaken in ca. 1 cm große Stücke schneiden. Cheddar grob reiben. Butter in einer antihaftbeschichteten Pfanne schmelzen lassen.

Thymian und Rosmarin dazugeben und kurz anschwitzen lassen, anschließend Möhren, Pastinaken und Erbsen dazugeben und 5 Minuten anbraten.

Kartoffeln beifügen, mit einem Kartoffelstampfer in der Pfanne kleinstampfen. Zwei Drittel des Cheddars dazugeben. Alles kräftig verrühren, anschließend Masse in der Pfanne ausbreiten und mit dem Kartoffelstampfer sanft flachdrücken. 5 Minuten rösten lassen, danach erneut kräftig verrühren und mit dem Kartoffelstampfer flachdrücken. 5 Minuten anrösten lassen.

Ein großes Holzbrett auf die Pfanne legen, Pfanne mit Holzbrett umdrehen, Pfanne vorsichtig nach oben abheben. Bubble & Squeak auf dem Holzbrett servieren. Mit Blattsalaten, Rucola, Crema di Balsamico, Schmand und verbleibendem Cheddar in Viertel geschnitten servieren.

So einfach wird's ...

Glutenfrei:
Dieses Rezept ist von Natur aus glutenfrei.

Laktosefrei:
Cheddar ist durch natürliche Reifung laktosefrei. Laktosefreie Butter verwenden.

Vegan:
Butter durch pflanzliche feste Margarine ersetzen, auf Cheddar verzichten und statt Schmand Mandelfrischecreme verwenden.

Lowcarb:
Süßkartoffeln sind in der SlowCarb-Küche auf Grund ihrer langkettigen Kohlenhydrate beliebt, die langsam verstoffwechselt werden: Kartoffeln durch Süßkartoffeln ersetzen.

Paleo:
Süßkartoffeln enthalten im Gegensatz zu Kartoffeln keine Lektine, weshalb diese in der Paleo-Küche bevorzugt werden: Kartoffeln daher durch Süßkartoffeln ersetzen. Auf Cheddar verzichten und statt Schmand Mandelfrischecreme verwenden.

Scones

Für die Scones

- 120 g Cranberries
- 20 ml Orangensaft
- 450 g Mehl
- 6 TL Weinstein-Backpulver
- 120 g Butter
- 2 große Bio-Eier
- 6 EL Milch
- 1/2 TL Salz
- 150 g Clotted Cream
  (alternativ Crème fraîche,
  Schmand oder Frischkäse)

Für das Lemon Curd

- 5 Bio-Zitronen
- 5 Bio-Eier
- 140 g Zucker
- 125 g kalte Butter

Für veganes Lemon Curd

- 50 ml Ahornsirup
- 70 ml Mandelmilch
- 3 EL pflanzliche feste Margarine
- Saft & Zeste von 2 Bio-Zitronen
- 1 EL Speisestärke
- 1/3 TL Kurkuma
- 1 Prise Salz

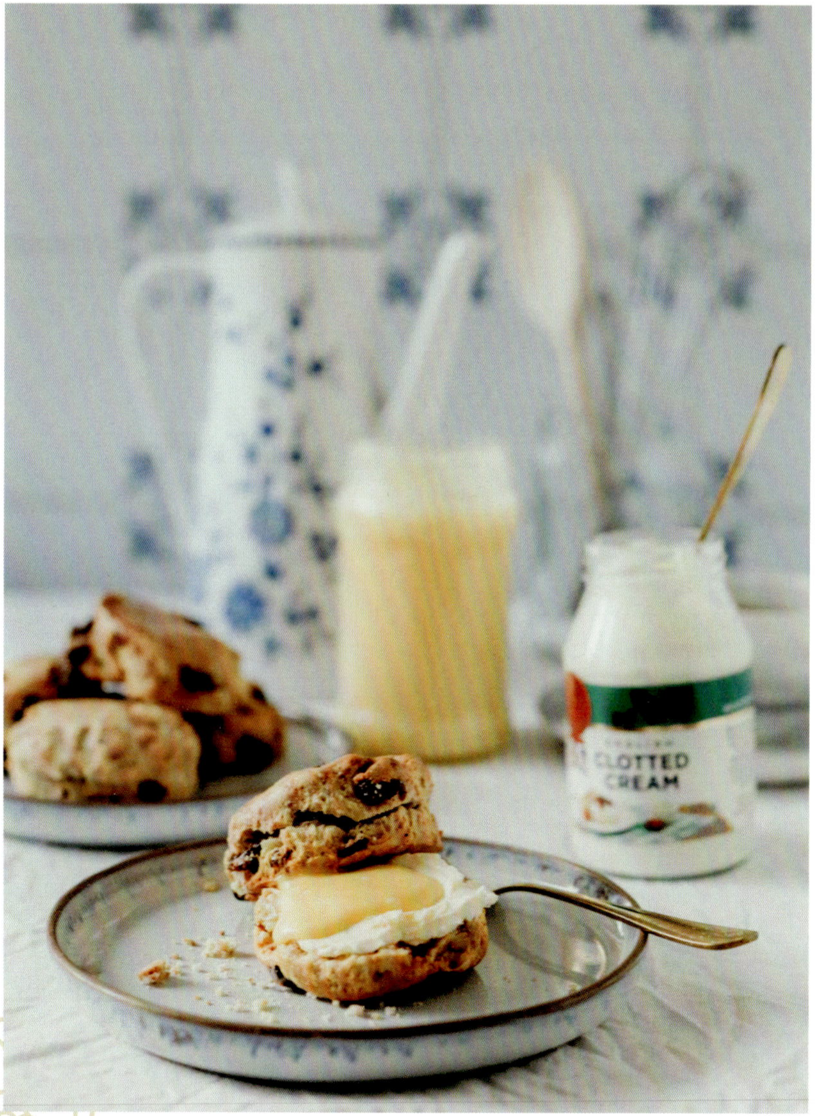

Glutenfrei:
Mehl durch 290 g glutenfreien Mehlmix auf Stärkebasis mit Vollkornreismehlanteil und 200 g gemahlene Mandeln ersetzen.

Laktosefrei:
Laktosefreie Milch und Butter verwenden.

Vegan:
Butter durch pflanzliche feste Margarine, Milch durch Mandelmilch und Eier durch 2 TL Leinsamenmehl, 180 ml Sprudelwasser und 1 zusätzlichen TL Weinstein-Backpulver ersetzen. Clotted Cream durch Mandelfrischecreme ersetzen.

Lowcarb:
Mehl durch 190 g Mandelmehl, 240 g gemahlene Mandeln und 3 EL Quark ersetzen, 30 g Weinstein-Backpulver verwenden. Cranberries durch frische Blaubeeren ersetzen, auf Orangensaft verzichten. Backzeit um 5 Minuten verlängern. Zucker durch gemahlenen Birkenzucker ersetzen.

Paleo:
Mehl durch 190 g Mandelmehl, 200 g gemahlene Mandeln und 1 zusätzliches Ei ersetzen. Mandelmilch statt Milch verwenden. 30 g Weinstein-Backpulver verwenden. Clotted Cream durch Mandelfrischecreme ersetzen. Zucker durch 80 ml Ahornsirup oder Honig ersetzen

ZUBEREITUNG

Den Backofen auf 200 °C Umluft vorheizen. Cranberries mit Orangensaft in eine kleine Schüssel geben und 5 Minuten ziehen lassen. Mehl und Backpulver verrühren, gewürfelte Butter hinzugeben und mit den Händen zu Bröseln verkneten. Eier, Milch und Salz in einer Schüssel verquirlen, Cranberries abtropfen lassen, der Eiermischung unterrühren. Mehlbrösel dazugeben und zu einem geschmeidigen Teig verkneten. Teig zu einer Rolle formen und in 10 Scheiben schneiden. Scheiben auf ein mit Backpapier ausgelegtes Backblech legen und mit Milch bestreichen. Ca. 15 Minuten goldbraun backen.

In der Zwischenzeit Lemon Curd zubereiten: Abrieb von 5 Zitronen sowie den Saft der Zitronen in einen Topf geben. Kurz aufkochen lassen. Eier und Zucker mit dem Handrührgerät zu einer weißen Creme aufschlagen. Hälfte des aufgekochten Zitronensafts der Eimasse unterheben. Eimasse mit dem verbleibenden Zitronensaft im Topf verrühren, bei kleinster Hitze unter ständigem Rühren stocken lassen. Masse durch ein Sieb streichen, kurz abkühlen lassen, bis sie aufhört zu dampfen, kalte Butter gewürfelt unterheben. In ausgekochte Schraub- oder Weckgläser füllen und auskühlen lassen.

Für das vegane Lemon-Curd:
Ahornsirup, Mandelmilch und Zitronensaft im Topf leicht aufkochen. Butter, Zitronenzeste, Salz, Margarine und Kurkuma dazugeben, sämig unterrühren und 2 Minuten köcheln lassen. Stärke mit wenig Wasser glattrühren, unter Rühren dazugeben und kurz aufkochen lassen, bis die Masse andickt.

Scones aus dem Ofen nehmen und mit Clotted Cream und Lemon Curd servieren.

Texas

Es geht in den Südwesten der Altstadt. Neben der Alten Oper, die auch heute noch gern als Veranstaltungsort für Konzerte und Kulturprogramme genutzt wird, befindet sich die Texas Steaklounge. Der Name verrät schon, welches Programm den Besucher dort erwartet. Und ja – es wird gleich sehr fleischlastig!

Durch die Nähe zur Alten Oper ist es natürlich besonders an Konzerttagen vor und nach Veranstaltungen unbedingt zu empfehlen, einen Tisch zu reservieren. Auch am Wochenende und für größere Gruppen bietet die Steaklounge genug Platz, aber mit einem kurzen Anruf ist man auf der sicheren Seite.

Doch die Texas Steaklounge ist mehr als nur ein Steakhouse.
Riesige Ledersessel, viel Holz und klassische Schwingtüren des Wilden Westens. Man bekommt fast den Eindruck, eine Filmkulisse zu betreten. Hier taucht man in eine andere Welt ein. Besser noch – man kann sich hineinplumpsen lassen.

Gemütlich war es früher auch schon, aber woanders. Damals war das Texas nicht weit entfernt, in der Neuwerkstraße. Erst 2012 sind die beiden Betreiber umgezogen und genießen nun genau wie ihre Gäste das große, gemütliche und helle Ambiente in der Walkmühlstraße. Bis zu 120 Gäste haben hier Platz. Wem es drinnen immer noch nicht hell genug ist, der kann im Sommer jetzt auch draußen an großen Tischen Steak essen und dabei die Sonne genießen.

Kathi und Christian sind Erfurter durch und durch. Hier weg zu gehen, war nie wirklich eine Option. Kathi ist nach ihrer Ausbildung, die im Übrigen nichts mit Gastronomie zu tun hatte, gleich wieder nach Erfurt zurückgekommen. Danach hat sie erstmal im Texas als Aushilfe begonnen, wo das Schicksal dann seinen Lauf nahm. Dass aus diesem Zwischenstopp viele Jahre später mal so viel mehr werden würde, hat sie damals ganz sicher nicht geplant. Auch Christian Isecke hat ohne Ausbildung einfach in der Gastronomie als Quereinsteiger angefangen. Vom Tresen zog es ihn nach den ersten vier Jahren aber vor allem in die Küche. Was er kann, hat er sich selbst beigebracht.

Auch er hatte nie die Absicht, das ein Leben lang machen zu wollen. Doch die Liebe zum Texas war groß genug, um den Schritt in die Selbstständigkeit zu wagen, als es die wichtige Entscheidung zu treffen galt, ob das Restaurant für immer schließt oder er es übernimmt.

Mit dem Umzug 2012 ging dann ein weiterer Traum in Erfüllung, das Texas zu dem Konzeptrestaurant aufzubauen, das es heute ist. Ganz nach ihren Vorstellungen und Ideen.

„Fleisch ist unsere Passion"

Büffel an der Wand, große beleuchtete Dry-Age-Schränke im Gastraum und eine Speisekarte, für die man vielleicht auch mal Hilfe braucht. Nicht nur unterschiedliche Größen oder Cuts sondern auch Regionen, aus denen das Fleisch kommt, wählt der Gast aus. Sofern er denn weiß, worauf er achten muss. Christian selbst schwört auf die US-Ware, aber auch Australien und Südamerika sind vertreten und natürlich auch Fleisch aus der Region.

Ob T-Bone, Filet oder Entrecote – darüber kann man stundenlang diskutieren und am Ende bleibt es wohl Geschmackssache. Genau wie die perfekte Garstufe, die man natürlich bei der Bestellung angeben kann. Um die zu erreichen, steht in der Küche ein Beefer, der bis zu 800 °C erreicht und damit Röstaromen erzeugt, von denen man in der heimischen Küche nur träumen kann. Doch auch Zeitgefühl und Erfahrung gehören dazu.

Wer sich am Steak noch nicht satt gegessen und noch Platz im Magen hat, sollte sich unbedingt durch die umfangreiche Beilagenkarte futtern. Gemüse gibt's nämlich auch und viele andere, vor allem typisch amerikanische, Klassiker. So stellt man sich sein Gericht einfach selbst zusammen. Auf diese Art kann man seinen Abend in jeder Preiskategorie gestalten. Von Basics bis zum Luxusprodukt. Ganz, wie der eigene Geldbeutel es zulässt. Natürlich gibt's da auch was für alle Essgewohnheiten. Vegetarier werden selbstverständlich nicht vor die Tür gesetzt, müssen hier aber einfach damit leben, dass im Texas Fleisch gegessen und auch zelebriert wird.

Den beiden Gastgebern ist wichtig, das Bewusstsein für Qualität zu schaffen und zu erhalten. Es ist schon aufgefallen, dass viele Gäste im Alltag auf Wurst und Fleisch verzichten, um dann in der Texas Steaklounge ganz bewusst ihr perfekt zubereitetes Fleisch zu genießen.
Ab und an gehören dazu auch bekannte Persönlichkeiten. Erlebt hat das Texas auf jeden Fall schon viele lustige Geschichten.

 Steakhouse
amerikanisch

 www.texas-erfurt.de
0361 / 566 98 98

 Walkmühlstraße 13
99084 Erfurt

Texanisches Chili

Für 4 Portionen • Zubereitungsdauer: ca. 2 Stunden

- 600 g Rindergulasch oder Rinderkugel
- 400 ml Rinderbrühe
- 1 große Zwiebel
- 1 große Paprika rot
- 200 ml trockener Rotwein
- 40 g Tomatenmark
- 3 EL Pflanzenöl
- 1 Chilischote
- 1/2 TL getrocknete Chili
- 2 Knoblauchzehen
- 2 TL Paprikapulver, edelsüß
- 1/2 TL Oregano
- 1 EL brauner Zucker
- Salz, schwarzer Pfeffer, Kreuzkümmel

ZUBEREITUNG

Zunächst das Fleisch, wenn es noch in einem Stück ist, in ca. 1 cm große Würfel schneiden. Danach in einem Topf mit etwas Öl scharf anbraten, bis sich Röstaromen bilden. Hat man keinen großen Topf, kann man diesen Schritt auch in mehreren Durchgängen machen und das Fleisch in kleinen Portionen anbraten.

Zwiebeln, Knoblauch und Chili in kleine Würfel schneiden, dann in den Fleischtopf hinzugeben und mit anschmoren lassen. Jetzt kommen nach und nach alle Gewürze dazu, wie Paprikapulver, die gewürfelte Paprikaschote und das Tomatenmark.

Ist alles schön angebraten, wird mit einem Teil des Rotweins abgelöscht und darf dann verkochen. So wird nach und nach der ganze Rotwein aufgegossen und darf immer wieder verdampfen.

Zum Schluss dann mit der Brühe aufgießen und mit einem Teil Salz, Zucker, Pfeffer würzen und den Kümmel und Oregano dazu geben.

Das Chili nun mit dem Deckel auf dem Topf bei niedriger Hitze auf dem Herd weiter köcheln lassen, bis es nach 90 Minuten schön weich und einreduziert ist. Zwischendurch immer mal wieder einen Blick in den Topf riskieren, umrühren und sollte zuviel Flüssigkeit verkocht sein, auch nochmal mit Wasser oder Brühe aufgießen.
Am Ende nochmal abschmecken und gegebenenfalls nachwürzen.

Mac and Cheese

Für 4 Portionen • Zubereitungsdauer: ca. 50 Minuten

- 350 g Makkaroni
- 100 g Cheddar
- 100 g Emmentaler
- 50 g Parmesan
- 30 g Butter
- 3 EL Mehl
- 250 ml Milch
- 250 g Schlagsahne
- Salz & Pfeffer
- 1 TL Paprikapulver

ZUBEREITUNG

Die Nudeln nach Packungsanweisung in Salzwasser bissfest kochen. In der Zeit wird der Käse gerieben und alle Sorten miteinander vermischt. Die Butter wird in einer großen Pfanne geschmolzen und dann wird das Mehl langsam eingerührt, bis eine cremige Konsistenz entstanden ist. Sofort mit Milch und Sahne ablöschen und kräftig weiterrühren, damit sich keine Klümpchen bilden können. Alles kurz aufkochen lassen, damit eine feine Sauce entsteht und dann die Hitze reduzieren und die Sauce mit Salz, Pfeffer und Paprikapulver würzen. Sie darf für 10 Minuten bei kleiner Temperatur vor sich hin köcheln.

Den Backofen auf 175 °C Ober-/Unterhitze oder 155 °C Umluft vorheizen. Die Makkaroni und etwa drei Viertel des geriebenen Käses in die Sauce geben und gut verrühren. Die Nudeln dann in eine geeignete Auflaufform umfüllen und den restlichen Käse auf den Makkaroni verteilen. Nun werden die Käse-Makkaroni ca. 35 Minuten im Ofen goldbraun backen.

Chili Corn Fritters mit Dip

Für 4 Portionen • Zubereitungsdauer: ca. 20 Minuten

MAISKÜCHLEIN

- 1 kleine Dose Mais, 400 g
- 1 kleine Zwiebel
- 1 Ei
- 150 g Mehl oder Maismehl
- 1 kleine Chili
- 1 Päckchen Backpulver
- Salz, Pfeffer, Zucker
- frischer Koriander

Für die Fritters wird zunächst der Dosenmais abgetropft und leicht abgespült. Danach wird dieser mit dem Ei vermengt. Anschließend den Koriander und die Chili hacken und ebenfalls unter die Masse ziehen.

Die Masse wird dann vorsichtig mit dem Maismehl bzw. Mehl und Backpulver vermengt, bis ein klebriger Teig entsteht. Alles noch mit Pfeffer und Salz abschmecken und dann 10 Minuten ruhen lassen. Danach werden die Fritters ausgebacken.
Dazu den Boden einer tiefen Pfanne mit Öl bedecken und mit dem Esslöffel kleine Portionen des Teiges hineingeben. Diese werden von beiden Seiten goldbraun angebraten.

DIP

- 200 ml Joghurt
- 2 EL Mayonaise
- 1 Gewürzgurke
- 1 kleine Zwiebel
- ein paar Kapern
- Salz, Pfeffer, Zucker
- Zitronensaft

Für den dazu passenden Gurkendip einfach die Gurken, Zwiebeln und Kapern klein hacken. Alles zusammen in einer Schüssel mit Mayonnaise und Joghurt verrühren und mit Salz, Zucker, Pfeffer und Zitronensaft nach eigenem Ermessen abschmecken.

Beides zusammen servieren. Die Fritters schmecken am besten noch frisch und warm. Wenn man die Chili weglässt, ist das auch ein tolles Gericht für Kinder, wie wir beim Nachkochen festgestellt haben.

Kromers

Mitten im Herzen der Innenstadt muss man vielleicht ein bisschen suchen, aber viele Wege führen zu unserem nächsten Restaurant.

Vorbei am alten Waidspeicher, der heute als Kulturstätte dient oder durch die Marktstraße und auf halber Strecke in die Große Arche. (Ja, das ist ein Straßenname).

Prominentester Nachbar ist wohl das Haus zum Sonneborn mit gelber Fassade, das in Erfurt das Standesamt beherbergt. Doch so gut versteckt es auch liegen mag, ist es doch beliebt und wir empfehlen daher besonders für die Wochenenden, rechtzeitig einen Tisch zu reservieren.

Die Rede ist natürlich vom „Kromers – Restaurant und Gewölbekeller". Eigentlich müsste es noch eine weitere Ergänzung im Namen haben, denn neben dem Veranstaltungsraum im Untergeschoss und dem hellen Gastraum betritt man zuallererst den charmanten und dicht bewachsenen Biergarten. Nicht nur an warmen Tagen ein beliebter Platz für hungrige Gäste. Auch im Winter und besonders zur Weihnachtszeit mit einem wärmenden Glühwein in der Hand. Auch gefeiert wird hier gern, besonders zur Weihnachtszeit, wenn man es denn schafft, rechtzeitig einen Tisch zu bekommen.

Carl Kromer ist der Mann, der einem sofort ins Auge springt, wenn man das Restaurant betritt und der einem selbst von den Speisekarten aus zulächelt. Aufgrund des Portraits gewinnt man schnell den Eindruck, es mit einer jahrhundertealten Wirtshaustradition zu tun zu haben. Doch tatsächlich ist es ein Familienbild aus dem Fotoalbum des eigentlichen Schöpfers des Kromers, der durch die Geschichte seines Ur-Großvaters und dessen Leidenschaft zum Essen inspiriert wurde.

Er träumte immer davon, ein eigenes Restaurant zu betreiben. Nach einigen Jahren in England, Irland und der Schweiz, wo er als gelernter Kellner Erfahrung sammelte, zog es ihn wieder zurück nach Hause, um den Traum seines Urgroßvaters 2011 endlich wahr werden zu lassen.

Beim Blick durch den Gastraum findet sich vieles, das nostalgisch und ein bisschen heimelig anmutet. Ein Gäste-buch mit Erinnerungen und handschriftlichen Botschaften, Bilder an den Wänden. Man könnte fast glauben, bei der eigenen Familie am Tisch zu sitzen. Wohnzimmeratmosphäre also, trotz insgesamt über 100 Sitzplätzen.

Gut Ding will Weile haben...

Wir sprechen mit den Köchen des Kromers. Sie sind Fachkräfte, haben ihr Handwerk von der Pike auf gelernt und nach ihrer Ausbildung in verschiedensten Küchen und Regionen Erfahrung sammeln können, bevor es sie nach Erfurt verschlug. Doch mit dem Startschuss fürs Kromers waren sie schnell fester Bestandteil des Teams und haben darum auch das Konzept des Kromers mitgestalten dürfen. Man war sich einig: Gekocht werden vor allem die regionalen Klassiker der Thüringischen Küche. Dabei soll die Kreativität aber keinesfalls zu kurz kommen.

Die Stammgäste schätzen ihre Art, Rouladen, Rotkraut und Soßen auf den Teller zu zaubern. „An Omas Rouladen werden wir sicher nie ganz herankommen" sagen sie selbst, doch man spürt, dass hier genauso viel Herz und Handwerk in jedem Essen stecken. Keine Pülverchen und Tütchen – da legt das Kromers großen Wert drauf.

Um dennoch der gewünschten Abwechslung gerecht zu werden, gibt es saisonal wechselnde Gerichte, die zum Angebot der jeweiligen Jahreszeit passen und für die das Kromers mit regionalen Händlern und Produzenten zusammenarbeitet. Warum eine Kartoffel aus Israel kaufen, wenn es tolle Ware hier z.B. in Gotha und Alperstedt gibt? Genau diese Mischung schätzen Einheimische wie Touristen gleichermaßen, die oft auf Empfehlung kommen. Und nicht nur die.

Das Kromers ist das erste Thüringer Restaurant, das in den Slow-Food-Genussführer aufgenommen wurde. Eine Bewegung, die Wert auf eine faire Küche im Einklang mit Erzeugern, Ökosystem und auch den jeweiligen regionalen Geschmacksbildern legt. Bewusstsein für Traditionen schaffen - etwas, das sich auch das Kromers auf die Fahne geschrieben hat und die Tester genauso überzeugt hat, wie schon so viele zufriedene Gäste vor ihnen.

Das Konzept macht auch vor der Getränkekarte keinen Halt. Auch hier finden sich ortsansässige und manchmal sogar den Erfurtern unbekannte Hersteller von Wein, Bier und Saft, die so endlich eine Bühne bekommen.
Beständigkeit in Qualität und Konzept, ohne dabei auf der Stelle zu treten. Darauf ist man im Kromers zu Recht stolz. Und auch wenn der Thüringer und seine Küche vielleicht manchmal etwas festgefahren wirken, so schafft es das Team doch mit besonderen Tagesangeboten (die es wirklich nur das eine Mal gibt!), auch die Probierfreude im ein oder anderen Gast zu wecken.

 Thüringer Küche
Slow-Food

 www.kromers-restaurant.de
0361 / 644 77 211

 Kleine Arche 4
99084 Erfurt

Petersilienpesto

Für 4 Portionen • Zubereitungsdauer: ca. 15 Minuten

- 250 g Petersilie
- 150 ml Olivenöl oder hochwertiges neutrales Pflanzenöl
- 80 g geröstete Sonnenblumenkerne
- 100 g Parmesan
- 1 Knoblauchzehe
- Salz & Pfeffer nach Geschmack

Zu Beginn werden die Sonnenblumenkerne bei niedriger Hitze in der Pfanne oder auch im Ofen geröstet. Parallel den Knoblauch schälen, die Petersilie waschen und grob schneiden.

Alle Zutaten in einen hohen Behälter geben und fein pürieren, bis eine cremige Konsistenz entsteht. Alternativ kann uch ein starker Mixer verwendet werden.

Gern kann das Pesto auch mit verschiedenen Gartenkräutern oder Wildkräutern wie Knoblauchrauke, Brunnenkresse, Rucola, Giersch oder Brennnessel und verschiedenen Nüssen oder Kernen ausprobiert werden.

Bei uns gibt es das als Einstieg mit Brot serviert, aber es eignet sich natürlich auch zu Salaten, Pasta und ähnlichem.

Erfurter Born Senf Suppe

Für 4 Portionen • Zubereitungsdauer: ca. 15 Minuten

- 300 g helles Wurzelgemüse
  (z.B. Sellerie, Zwiebel, Fenchel, Lauch)
- 50 g Butter oder Öl
- 50 g Mehl
- 100 ml Weißwein
- 200 ml Sahne
- 800 ml Gemüsebrühe oder Geflügelbrühe
- 200 g Erfurter Born Senf

ZUBEREITUNG

Für die Suppe wird als Erstes das Gemüse in 1 cm große Würfel geschnitten. Das muss nicht zu ordentlich sein, denn es wird am Ende abgesiebt und dient nur dem Geschmack.

Die Würfel in Butter oder Öl leicht anschwitzen, ohne dass sie Farbe nehmen. Anschließend das Gemüse mit etwas Mehl abstäuben und kurz vom Herd nehmen.

Alles mit Weißwein und Sahne ablöschen und gut verrühren. Es dürfen keine Klümpchen entstehen. Die Masse wird mit dem Fond aufgefüllt und darf jetzt unter Rühren zum Kochen gebracht werden.

Nach 15 Minuten ist sie gut durchgezogen und darf durch ein Sieb passiert werden.

Der Senf wird erst kurz vor dem Servieren untergerührt damit die Frische und die ätherischen Öle des Senfs erhalten bleiben.

Als Suppeneinlage empfiehlt das Kromers gekochte Wachteleier oder auch ein pochiertes Ei.

Frischkäseküchlein

Für 4 Portionen • Zubereitungsdauer: ca. 60 Minuten

Für die Cheesecake-Füllung
- 1 Ei
- 50 g Zucker
- ½ Päckchen Vanillezucker
- 150 g Frischkäse Doppelrahmstufe
- 60 g Schmand
- 60 ml Sahne
- 1 TL Mehl
- Zitronenabrieb und Saft einer halben Zitrone

Für den Keksboden:
- 50 g Butterkeks
- 50 g Russisch Brot
- 60 g Butter
- 40 g Zucker

Für den Boden werden die Kekse zerbröselt. Das geht in einem Mörser, einer Küchenmaschine oder auch mit der Hand. Die Kekse dazu in einen kleinen Beutel (z.B. eine Gefriertüte) geben und händisch, oder auch mit einem Nudelholz zermahlen.

Die Butter schmelzen und mit dem Zucker und den Keksbröseln mischen.

Kleine Muffinformen ca. 1 cm hoch mit der Butter-Brösel-Mischung befüllen und fest andrücken.

Für die Cheesecake-Füllung alle Zutaten mit einem Schneebesen zu einer homogenen Masse verrühren.
Die Förmchen bis fast zum Rand mit der Masse füllen und im vorgeheizten Ofen bei 130ºC für ungefähr 30 Minuten backen. Die Masse muss dabei nur stocken, deshalb reicht auch die niedrige Temperatur. Um herauszufinden, ob der Garvorgang abgeschlossen ist, reicht es, leicht an den Förmchen zu wackeln. Sollte sich die Masse nicht mehr bewegen, sind die Törtchen fertig.

Im Kromers werden die ausgekühlten Törtchen mit etwas Lemon Curd serviert. Dieses kurz in einem Topf verflüssigen und als Topping darüber geben.
(Ein Rezept für ein selbstgemachtes Lemon Curd gibt's vom Peckhams ab Seite 24)

Green Republic

Mit dem nächsten Restaurantbesuch wird es etwas städtischer. Nur wenige Schritte von Erfurts Dreh- und Angelpunkt, dem Anger, entfernt, beginnt die Johannesstraße. Eine der ältesten Straßen Erfurts, in der sich historische Gebäude in direkter Nachbarschaft zu Spätis, Nachtclubs und klassischen Mehrfamilienbauten befinden.

Eine Lage die sinnvoll erscheint, denn wer in Erfurts Nachtleben unterwegs ist, braucht auch eine vernünftige Grundlage. Schnell was auf die Hand oder zum Mitnehmen. Und wer nun glaubt, dass Erfurt da ausschließlich die Bratwurst im Brötchen zu bieten hat, der täuscht sich gewaltig.

Doch ganz fleischfrei? Das geht, auch wenn es nach einem Konzept klingt, das besonders in dieser Region nicht ganz ohne Risiko seinen Anfang nahm. Schon seit neun Jahren nimmt es ein kleiner Laden namens Green Republic mit der Thüringer Fleischkultur auf und beweist nur wenige Meter entfernt von den klassischen Fast-Food-Ketten, dass es auch anders geht.

Hier ist alles vegan und das vom ersten Tag an. Vom Burger bis zum Fischbrötchen. Das bedeutet also Zutritt verboten für alle tierischen Erzeugnisse, egal ob Fleisch oder Milchprodukte. Selbst beim Zukauf von Getränken und Verpackungsmaterial achten die Inhaber auf jedes Detail, denn sie wissen genau, dass ihre Kunden sich da auf sie verlassen.

Das war anfangs gar nicht so einfach. Die Idee der Gründungsmitglieder, die sich schon vorher vegan ernährt haben: Wir wollen mal wieder Fast Food essen. Leider gab es diese Möglichkeit im Umkreis nirgendwo, also beschlossen sie, selbst einen Laden zu eröffnen. Die Idee war geboren und wurde auch erstaunlich gut angenommen. Sogar Cateringaufträge für Konzerte und Festivals kamen schnell auf und der Kreis der Stammkunden erweitert sich seither stätig.

„Vegan ist längst kein Trend mehr, der wieder verschwindet"

Auch der Markt für vegane Ernährung hat in den letzten Jahren eine große Entwicklung erlebt, berichten sie. Zu Beginn war es manchmal gar nicht so einfach, für alles einen guten Ersatz zu finden. Heute kann man oft zwischen verschiedenen Varianten wählen und sich im Green Republic sogar für die vegane Ernährung zu Hause eindecken. Hier bekommt man Produkte, die man im Supermarkt vergebens sucht. Auch eigene Rezepturen für Burgerpatties und Co wurden mit der Zeit entwickelt.

Ein Blick auf die Speisekarte lässt erst bei genauem Hinsehen erkennen, dass mit Vöner und Curryvurst fleischfreie Alternativen die bekannten Klassiker ersetzen. Selbst der Blick in die Küche, der dem Gast nicht verwehrt wird, lässt einen nicht sofort stutzen. Man verwendet mit Absicht ähnliche Bezeichnungen, um dem Gast ein Gefühl zu vermitteln, was einen erwartet und in welche Richtung der Geschmack abzielt.

Es sind genau diese Gerichte, die den fleischigen Klassikern nachempfunden sind, die hier am besten ankommen und nicht etwa ein Salat oder die Gemüsepfanne.

Wer aus ethischen Gründen auf den Verzehr tierisch hergestellter Lebensmittel verzichtet, soll trotzdem weiterhin den Geschmack und ab und an einen Döner genießen dürfen. Warum denn auch nicht, sagen die Betreiber. Das da viel mehr Chemie und künstliche Aromen zum Einsatz kommen, halten sie für ein Gerücht und Augenwischerei. Alternativen zu entwickeln, die dem Geschmack der Originale in nichts nachstehen, hat auch mit Kreativität zu tun und daran mangelt es dem Green Republic nicht. Ein bisschen Offenheit und Entdeckergeist sollte man beim ersten Besuch aber dennoch mitbringen, denn natürlich schmeckt man Unterschiede.

Neben den Fans der ersten Stunde und allen, die ganz gezielt das Restaurant ansteuern, gibt es natürlich auch immer mal wieder neugierige Besucher und die, die zunächst gar nicht wissen, worauf sie sich da einlassen.

Doch nicht nur beim Einkauf, sondern auch bei den Gästen kann man in den letzten Jahren einen klaren Wandel erkennen. Die anfänglich oft sogar entrüsteten Kommentare und Beleidigungen fallen heute glücklicherweise weg. Heute trauen sich dafür immer mehr „Nicht-Veganer" ins Green Republic, betrachten den Besuch als spannende Entdeckungsreise und löchern das Team mit Fragen, die dieses gern beantwortet.

Man freut sich über diese Entwicklung. Vegan essen und leben ist kein Trend mehr, sondern in der Gesellschaft angekommen. Und darum ist man auch nicht traurig, nun nicht mehr das einzige vegane Restaurant Erfurts zu sein. Dafür das erste seiner Art und ein Wegbereiter. Etwas, dass dem Green Republic niemand nehmen kann.

Der Gastraum ist nicht sonderlich groß. Wer dort essen will, muss etwas Glück haben oder nimmt sich sein Essen bei schöne Wetter einfach mit und sucht sich ein schönes Fleckchen von Erfurt. Inzwischen findet man das Angebot von Green Republic auch bei einem namhaften Lieferservice.

Veganes
Street Food

www.green-republic.de
0361 / 541 544 63

Johannesstraße 16
99084 Erfurt

Vegane Mayonnaise

Zubereitungsdauer: ca. 10 Minuten

- 500 ml Rapsöl
- 375 ml Sojadrink, zuckerfrei
- 1 EL Essigessenz 25% (oder Zitronensaft)
- 2 EL Knoblauchsenf
- 1 TL Salz
- ½ TL Pfeffer
- Evt. 1 Msp. Guarkern-/ Johannisbrotkernmehl

ZUBEREITUNG

Für die Herstellung wird ein hohes Gefäß und ein Pürierstab benötigt. Öl und Sojadrink sollten Zimmertemperatur haben.

Das Öl und der Sojadrink werden dazu beide in den Behälter gegeben und auf höchster Stufe für 3 Minute gemischt. Dabei nach oben ziehen.

Danach Senf, Salz, Pfeffer und das Bindemittel dazu geben und einige weitere Minuten mixen. Dann mit Essig oder Zitronensaft abschmecken und nicht noch einmal mit dem Pürierstab mixen, sonst fällt alles wieder zusammen!

Vegane Remoulade für Kartoffelsalat

Zubereitungsdauer Remoulade: ca. 10 Minuten • Zubereitungsdauer Salat: 45 Minuten

Für die Remoulade sollten zunächst die Gewürzgurken und Zwiebeln in feine Würfel geschnitten werden. Auch der Dill wird ganz fein gehackt und anschließend wird alles unter die vegane Mayonnaise gehoben.

Mit Salz und Pfeffer abschmecken und wenn eine feinere Konsistenz gewünscht ist, auch noch einmal kurz in den Mixer geben.

Die Remoulade eignet sich als Dip oder auch als Grundlage für einen Kartoffelsalat.

Dafür Kartoffeln kochen, pellen und in die gewünschte Form schneiden (z.B. in Scheiben oder Würfel) und je nach Geschmack noch mit Gewürzgurken oder anderem Gemüse ergänzen. Anschließend mit der Remoulade vermengen und mit einem Klecks Senf abschmecken.

Sojasteak in Senfmarinade

Zubereitungsdauer: 24 Stunden

Für die Senfmarinade

- 250 ml Mayo
- 70 g Gewürzgurken
- ½ Zwiebel
- 1 TL Dill
- Pfeffer & Salz

Für das Sojasteak

- 4 Soja Big Steaks
- 1 Liter kräftige Gemüsebrühe
- 250 g mittelscharfer Senf
- 50 ml Worcestersauce
  (vegan z.B. von Appel, Ditt-
  mann, Altenburger)
- 1 TL Pfeffer
- ½ TL Salz
- ½ TL Chili
- Prise Zimt
- Prise Piment
- Gemüsebrühe

ZUBEREITUNG

Zunächst wird die Gemüsebrühe zum Kochen gebracht und die Steaks hineingegeben. Nachdem diese kurz aufgekocht wurden, den Topf vom Herd nehmen und für ca. 20 Minuten ziehen lassen. Die Steaks dürfen dabei auch regelmäßig nach unten gedrückt werden, damit sie sich gleichmäßig vollsaugen können.

Die Brühe nach der Ziehzeit zur Seite stellen und nicht wegschütten, denn diese wird für die Marinade benötigt.

Für diese werden alle Zutaten, bis auf Gemüsebrühe, miteinander vermengt. Die Brühe wird nach und nach schluckweise hinzugegeben, bis eine dickflüssige Konsistenz erreicht ist.

Die Steaks werden nun ausgepresst. Das kann man mit Hilfe eines Lochsiebs oder zwischen zwei Brettchen machen.

Danach werden sie in die Marinade eingelegt und sollten mindestens eine Nacht im Kühlschrank durchziehen. Dabei gilt: Je länger, desto besser.

Final werden die Steaks dann mit ordentlich Öl in der Pfanne scharf und kräftig angebraten oder direkt auf den Grill gelegt. Auch zum Frittieren sind sie gut geeignet und können dann als Alternative zum Steak serviert oder weiterverwendet werden.

„Und das ist jetzt komplett vegan? Ich schmeck keinen Unterschied. Also wenn veganes Essen immer so ist, dann bin ich dabei."

Il Cortile

Wir bleiben in der Johannesstraße und gehen noch ein paar Schritte weiter. An den Fassaden mit ihren Werbeschildern vorbei und irgendwann erscheint da auch in roter Schrift der Name „Il Cortile" - zu Deutsch „Der Innenhof". Unser Stichwort, durch den Torbogen abzubiegen, denn dahinter befindet sich das nächste Restaurant, das wir besuchen wollen.

Bei schönem Wetter kann man direkt auch im namensgebenden Innenhof platznehmen. Ansonsten befinden sich im mediterran anmutenden Restaurant 20-30 Plätze, an denen Abend für Abend ein abwechslungsreiches Menü mit passenden Getränken serviert wird.

Eingefleischte Erfurter sagen, das wäre ein weiterer Italiener. In der Tat gibt es davon einige in der Stadt und auch das Il Cortile war mal einer davon. Doch die Zeiten sind lang vorbei.

„Im Hofe königlich speisen"

...das stellt Denise König zusammen mit Mann Andreas sicher. Dafür steht und wirbt sie auch mit ihrem Namen, der das Motto des Restaurants nochmal unterstreichen soll.

Beide haben den Beruf des Kochs von der Pike auf gelernt. Im Laufe ihrer Karriere trafen die beiden aufeinander und stellten beim tagtäglichen Zusammenarbeiten in verschiedenen Restaurants fest, dass sie ein tolles Team sind. So beschlossen sie nicht nur dem Kochen treu zu bleiben. Gemeinsam nicht nur beruflich, sondern auch privat durchs Leben zu gehen, bringt aber auch viele Herausforderungen mit sich.

Eine davon war sicherlich, sich nach vielen verschiedenen Stationen und Küchen endgültig für Erfurt zu entscheiden. Die Gelegenheit war günstig und der Wunsch bei Denise war da, wieder zurück nach Erfurt zu kommen. Zurück in die Heimat. Seit April 2012 sind sie jetzt schon die Inhaber des Lokals, das sie in sehr jungen Jahren von den Vorbesitzern übernommen haben.

„Wir sind kein Italiener."

Seit 10 Jahren haben die beiden jetzt also auch mit dem Il Cortile eine Liebesbeziehung und die versuchen sie spannend zu gestalten. Man entwickelte sich gemeinsam weiter. Gut gemeint volle Teller gehören genauso der Vergangenheit an, wie das früher beliebte Antipasti-Buffet. Heute entspricht das, was sie in ihrem Restaurant tun, ganz ihren Überzeugungen und weniger dem, was erwartet wird. Daran hat sich auch die Stammkundschaft gewöhnen müssen. Doch mittlerweile schätzen die Gäste eben vor allem die weiterentwickelte Küche und die reduzierte Karte. Es ist zu spüren, wieviel Liebe die beiden in jedes einzelne Gericht und alle dazugehörigen Details stecken.

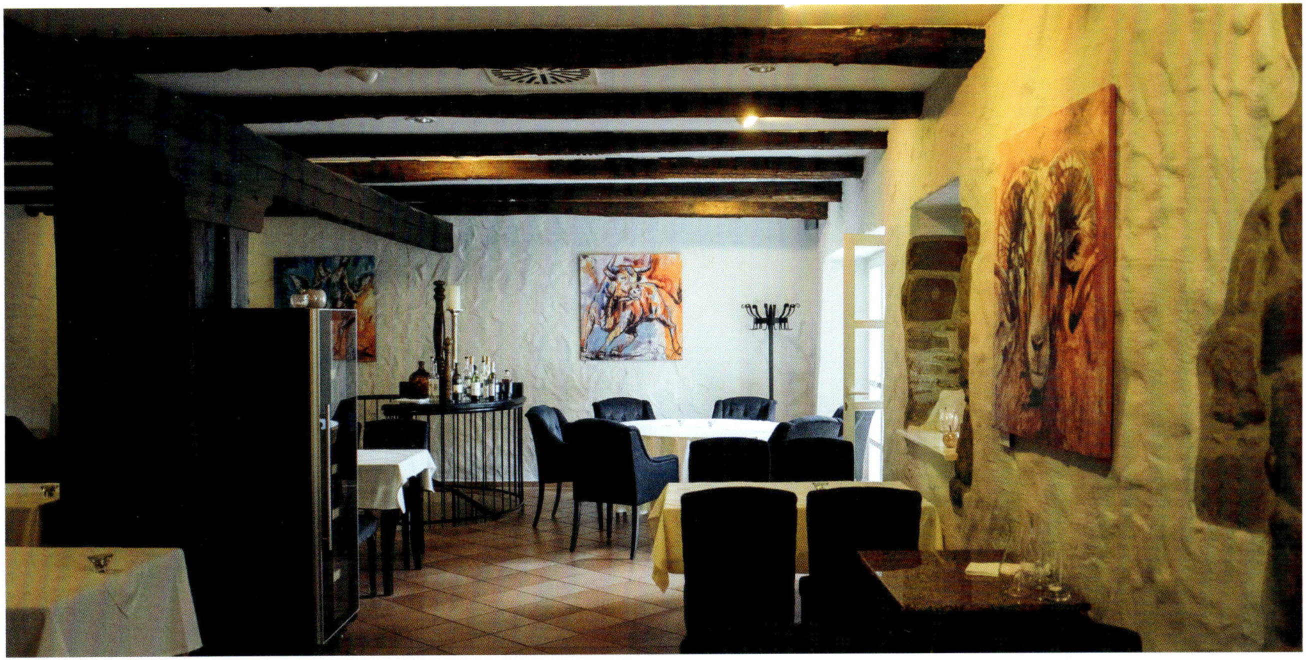

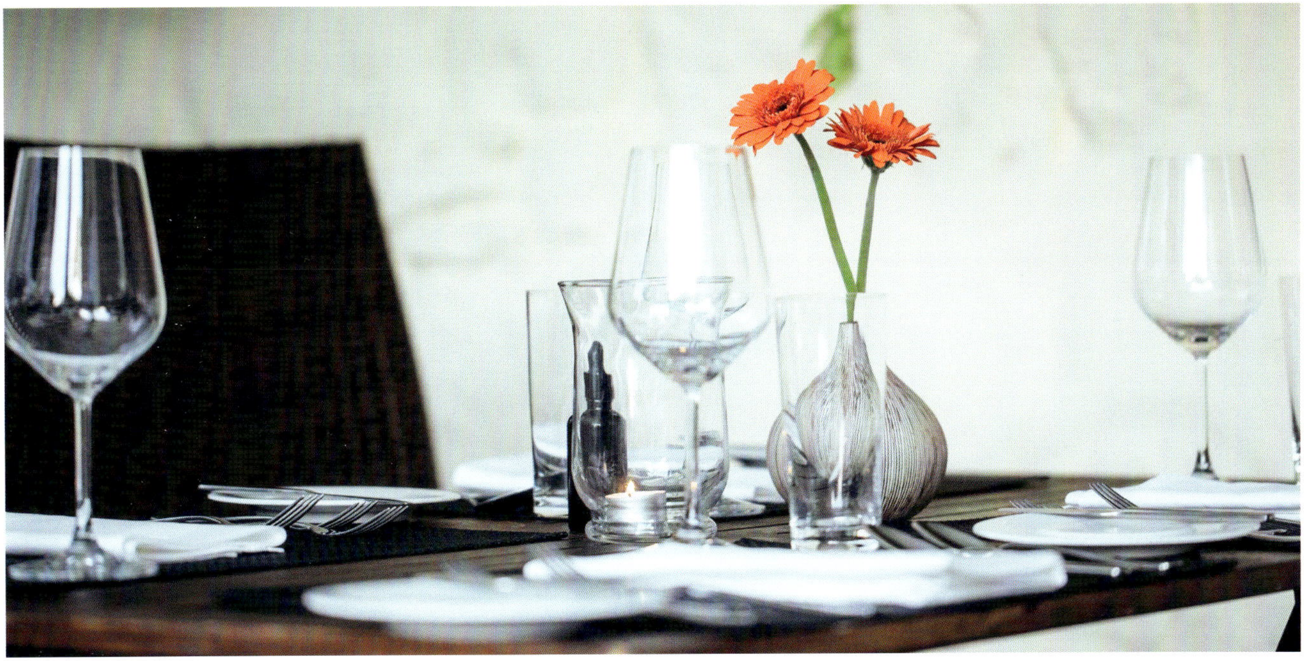

Neben Innovation in der Küche ist es aber immer noch der Geschmack, der beim Entwickeln neuer Menüs und Gerichte oberste Priorität hat. Dabei lassen sich Denise und Andreas gern von Urlaubserinnerungen, Restaurantbesuchen, aber auch von Vorbildern aus der Kochszene inspirieren.

Es wird dann so lang getüftelt und probiert, bis alle Komponenten auf dem Teller das gewünschte Geschmacksbild ergeben. Statt auf Rezepte verlassen sie sich dabei lieber auf ihre Sinne. Manchmal hilft es, sagen sie, nicht zu viel nachzudenken und einfach mal loszulegen. Da kommen die tollsten Dinge bei raus.

Ein großes Küchenteam brauchen und wollen sie dafür nicht. Jeder Handgriff sitzt und man weiß, wann man auch mal nichts zueinander sagt. Die Rollen sind dabei klar verteilt. Während die Vorbereitungszeit noch Hand in Hand läuft, ist Denise diejenige, die am Abend die Gäste begleiten darf, während Andreas in der Küche den Kochlöffel schwingt. Doch auch wenn sie sich in ihrem Kochstil unterscheiden, sind sie sich einig, dass sich sowohl Regionalität als auch die Jahreszeiten in den wechselnden Menüs wiederfinden müssen.

Der Gast darf entscheiden, ob er vier oder fünf Gänge essen möchte. Auch die Weinbegleitung, bei der für jedes Essen unterstützende und passende Weine im Vorfeld festgelegt werden, ist optional.

Der Spagat zwischen gehobener Gastronomie und Seelenessen, das ein bisschen an die Kindheit erinnert, gelingt den beiden wunderbar. Gepaart mit der lockeren, offenen und herzlichen Art der Gastgeber hat man im Il Cortile die Möglichkeit, ein tolles Essen zu genießen, das bei aller Kreativität doch auf dem Boden bleibt. Und von dem man satt wird. Denn auch das ist ihnen wichtig. Hungrig soll hier keiner gehen.

 Gehobene Küche
Mediterran

 www.ilcortile.de
0361 / 5 66 44 11

 Johannesstraße 150
99084 Erfurt

Saiblingscarpaccio & Gurkeneis

Für 4 Portionen • Zubereitungsdauer: ca. 30 Minuten

GURKENEIS

- 2 Salatgurken
- 1 mittelgroße Zwiebel
- 2 EL Pflanzenöl
- 2 EL Weißweinessig
- Salz, Pfeffer, Zucker
- 10 g Dill oder Petersilie
- 1 EL Joghurt
- Optional 3 g Johannisbrotkernmehl

Für das Eis die Salatgurken in Scheiben schneiden. Die Zwiebeln fein würfeln und zu den Gurken geben. Alles mit Salz, Pfeffer, Zucker würzen, mit Essig und Öl abrunden und für 30 Minuten ziehen lassen.

3 g Johannesbrotkernmehl dazu geben.
Abschließend alles in einem Mixer fein pürieren.
Flach in einer Schale oder Eiswürfelformen für 12 Stunden frieren lassen.

Kurz vorm Servieren den nun durchgefrorenen Gurkensalat in Stücke brechen und mit einem starken Mixer fein pürieren. (Dieser sollte für Eiswürfel geeignet sein.) Gegebenenfalls mit Joghurt, Dill oder Petersilie verfeinern.

SAIBLINGSCARPACCIO

- 2 Saiblingsfilets à 200 g
- 1 Limette
- 1 TL Maldon-Salz oder ähnliches hochwertiges Salz
- 1 El Olivenöl
- Pfeffer nach Geschmack

Die Filets enthäuten und von Gräten befreien, danach in je 10 dünne Scheiben schneiden. Die Filetstücke werden am besten flach auf ein Kuchenblech oder in eine große Schüssel gelegt.

Für die Marinade die Limettenschale abreiben und den Limettensaft auspressen. Salz, Abrieb und Saft sowie Pfeffer und Olivenöl gleichmäßig auf dem Fisch verteilen und den Saibling bei Raumtemperatur für ca. 10 Minuten marinieren lassen.

Auf einem Teller den Fisch als Carpaccio flach auflegen und das Gurkensalateis auf dem Fisch anrichten.

TIP: Mit etwas Kräutern oder verschiedenen Kresssorten wird das Gericht noch würziger.

Falls kein frischer Saibling zu bekommen ist, funktioniert das Carpaccio auch wunderbar mit Lachs.

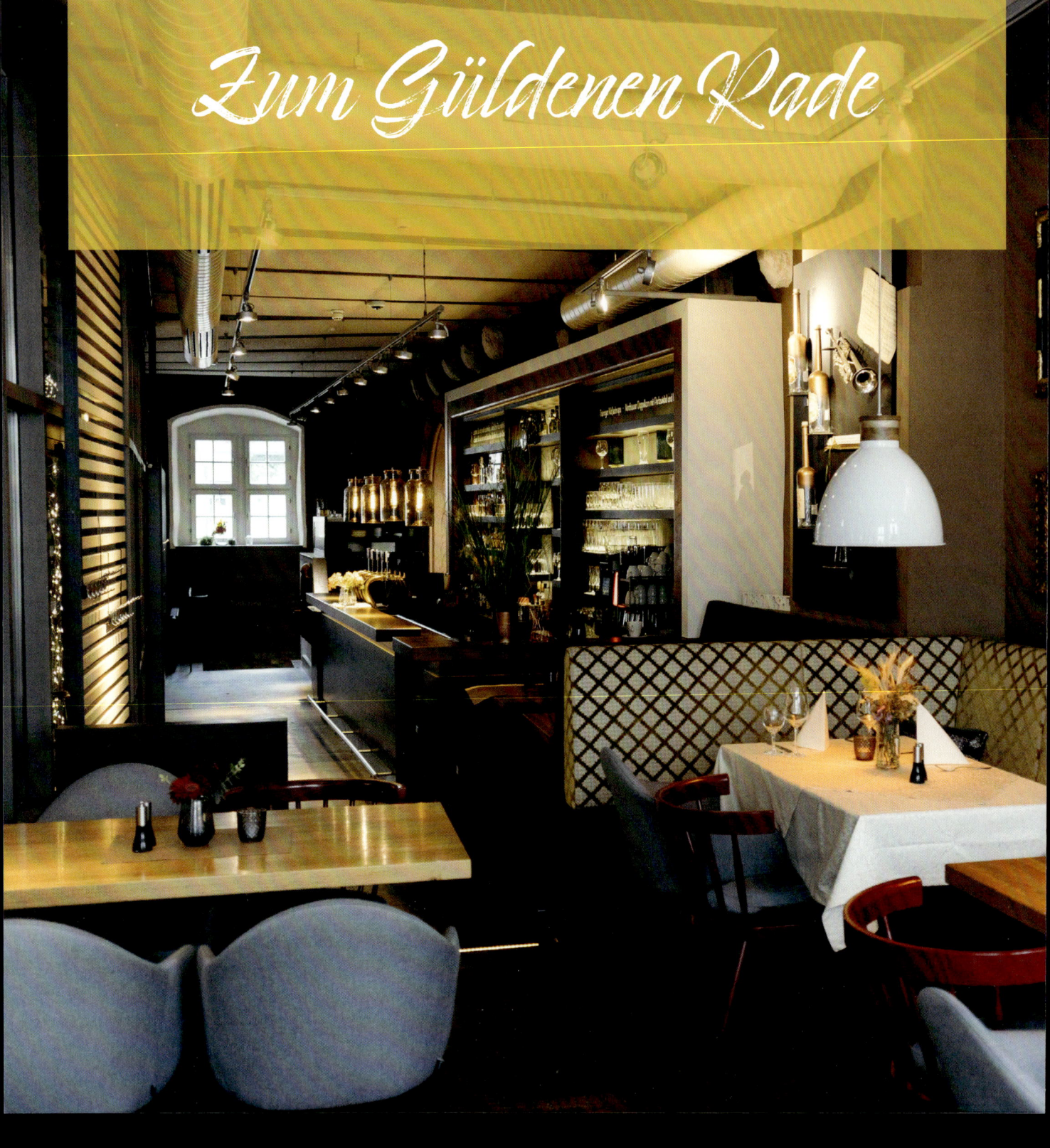

Zum Güldenen Rade

Wer durch Erfurt spaziert, stellt schnell fest, dass Häuser oft mit besonderen Wappen geschmückt sind und nicht selten wurden sie dann nach diesen benannt. Ob Museum oder kleine Manufaktur – Ochsen, Fische und Helme stehen hier Namenspate und genau daran orientiert sich auch das nächste Restaurant. Eine echte Institution in Erfurt. Wobei Restaurant fast schon die Untertreibung des Jahres ist.

Eine schöne Fassade, kleine Fenster und ein Torbogen. Was sich beim Durchgehen entfaltet, ist allerdings nicht minder beeindruckend. Im „Zum Güldenen Rade" gibt es neben dem Hauptrestaurant und der Bar ein Separee, eine alte Tabaksmühle für private Feierlichkeiten und einen Biergarten mit über 160 Sitzplätzen. Diese Größe und die vielen Möglichkeiten sind dem Haus von außen nicht gleich anzusehen.

So ist das Gebäude prädestiniert für viel Durchlaufverkehr und durch seine sehr gute Lage auch noch super zu finden. Direkt zwischen Fischmarkt und Domplatz muss man hier einfach vorbei, wenn man Erfurt erkundet oder einen Stadtbummel macht. Warum dann nicht gleich einen Zwischenstopp einlegen?

Das Restaurant „Zum Güldenen Rade" und sein Team ruht sich aber auf keinen Fall auf diesen Vorteilen aus, sondern gibt seit vielen Jahren Vollgas. Nicht ohne sich immer wieder neu zu erfinden. Viel wurde schon ausprobiert von Wirtshausatmosphäre bis Fine Dining. Geblieben ist der Wunsch, Erfurt geschmacklich erlebbar zu machen und das funktioniert.

„Der Geschmack Thüringens"

Seit nun 25 Jahren wird hier das geboten, was man erwartet, wenn man nach Thüringen kommt. Klöße, Rouladen oder eine Rostbratwurst auf die Hand. Wer Erfurt bereist oder Besucher durch die Stadt führt und traditionelles Thüringen erleben will, kommt darum ins Güldene Rade.

PSST Das namensgebende Wappen ist gar nicht, wie sonst in der Stadt, dem Gebäude, sondern der Brauerei nachempfunden, die mit dem Haus eng verwurzelt ist. Macht aber nichts, denn auch die steht ja in Thüringen und Geschichte gibt's hier auch so eine ganze Menge. Hier wurde schon früh Bier gebraut und auch die Tabaksmühle ist aus dem 18. Jahrhundert.

Mit dem modernen Innendesign wird aber auch das junge Publikum angesprochen. Vielleicht also der perfekte Ort, um Thüringen generationsübergreifend zu erleben.

Auch kulinarisch will man rund um die klassischen Gerichte die aktuelle Entwicklung nicht außer Acht lassen und Kloß und Co. für das junge Publikum attraktiv machen. Deshalb gibt es hier als besondere Spezialität gefüllte Klöße und sogar ein veganes Kloßgericht auf der Karte (und auch gleich im Anschluss in diesem Buch). Man will nicht die Augen verschließen vor Veränderungen und auch weiterhin für alle Geschmäcker einen Ort bieten, an dem man gern zusammenkommt.

Dahinter stecken viele gastronomiebegeisterte Menschen. Drei Geschäftsführer und natürlich eine ambitionierte Küchen- und Servicecrew stehen hier für Erfurter wie Touristen gleichermaßen zur Verfügung und haben eine ganz wichtige Mission. Thüringen kulinarisch auf den Teller zu bringen, allem voran natürlich die Thüringer Klöße. Die werden hier nämlich frisch zubereitet und von Hand geschabt. Wieviel Arbeit dahinter steckt, sehen wir im Liveversuch und so wird auch schnell klar, warum es so viele Fertigprodukte rund um den Kloß gibt. Doch sowas kommt hier nicht in den Topf. Im Gegenteil!
Neben der festen Speisekarte will man auch der Stammkundschaft immer mal wieder Neuheiten präsentieren. Saisonal gibt's daher als Ergänzung immer wieder Tagesgerichte oder jahreszeitlich passende Abwandlungen, die dann auf Tafeln angepriesen werden.

„ZDF-Biergarten alias der schönste Biergarten der Stadt?"

Begonnen hat alles mit dem ZDF, der den Gebäudekomplex 1992 erwarb und hier bis heute sein Landesstudio betreibt. Doch nur in den oberen Etagen. Was also soll im Erdgeschoss passieren? So eröffnete etwas später das Restaurant mit Biergarten und hält sich dort bis heute. Dieser Ursprung brachte dem Restaurant den Spitznamen

"ZDF-Biergarten" ein. Tatsächlich ist der Biergarten riesig und doch verwinkelt und wunderschön. Viel Platz für kleine Tischgruppen und für große Stammtischrunden. Auch erstaunlich, wie ruhig es hier sein kann, trotz der zentralen Innenstadtlage. Vom Trubel vor dem Eingangstor bekommt man hier nicht viel mit. Auch mal schön.
Und weil der Biergarten so schön und der Sommer leider nicht unendlich ist, wird die Fläche im Winter genutzt, um Glühwein auszuschenken und die Vorweihnachtszeit besonders gemütlich zu gestalten.

 Traditionelle
Thüringer Küche

 www.rade-erfurt.de
0361 / 56 135 06

 Marktstraße 50
99084 Erfurt

Geschmorte Schweinebäckchen

in Rotweinsauce, Erfurter Blumenkohl und Thüringer Kräuter-Klöße
Für 4 Portionen • Zubereitungsdauer: ca. 2 Stunden

Für die Schweinebäckchen

- 16 Schweinebäckchen, ca. 800 g
- 4 EL Pflanzenöl
- 2 Zwiebeln
- 2 mittelgroße Karotten
- 2 Knollensellerie
- 1 Blumenkohl
- 60 g Tomatenmark
- 300 ml Rotwein (Dornfelder)
- Wasser
- 2 Lorbeerblätter
- Piment
- Kreuzkümmel
- Kartoffelstärke
- Salz & Pfeffer

Für den Kloßteig

- 500 g Kloßschab (tiefgekühlt, aus rohen, geriebenen, ausgepressten Kartoffeln)
- frische Petersilie und Schnittlauch
- 1 kg Kartoffeln
- Kartoffelstärke
- 2 Scheiben Buttertoastbrot (oder ein Brötchen)
- Salz

* Nochmal PSST *

Wer es original thüringisch haben will, macht die Klöße natürlich selbst. Aber wir haben auch sehr gute Erfahrungen mit fertigem Kloßteig gemacht. Bitte verratet das nur nicht dem Küchenteam vom Güldenen Rade!

ZUBEREITUNG

Zunächst Öl in einer Pfanne erhitzen. Darin werden die Bäckchen dann von allen Seiten angebraten. Mit Salz und Pfeffer würzen und aus der Pfanne nehmen.

Im Pfannensatz werden jetzt Karotten und Sellerie angeröstet. Die Zwiebeln werden etwas später dazugegeben, damit sie nicht verbrennen. Wenn alles gut angebraten ist, das Tomatenmark dazugeben und auch dieses kurz mitrösten.

Nun zwei bis drei Mal ein wenig Wasser hinzugeben, um den Bratensatz abzulöschen. Danach mit Rotwein aufgießen und alles einkochen lassen. Jetzt die Schweinebäckchen wieder dazugeben, mit Wasser auffüllen, Gewürze hinzufügen und abgedeckt ca. eine Stunde schmoren, bis sie weich sind.

In der Zwischenzeit

Den Blumenkohl putzen, in Röschen teilen und waschen. Im gesalzenen Wasser bissfest garen und mit Muskat würzen.

Für die Klöße werden kleine Croutons benötigt. Dazu Toastbrot oder Brötchen in Würfel schneiden und in etwas Butter knusprig braten. Mit etwas Salz abschmecken. Den Kloßschab auftauen, auflockern und auf Zimmertemperatur erwärmen. Die Kartoffeln schälen, im Salzwasser gar kochen und samt Wasser zu dünnem Kartoffelbrei verarbeiten. Den Kloßschab mit dem Kartoffelbrei nach und nach übergießen und verrühren, bis eine leicht formbare Festigkeit erreicht ist.

Mit Salz abschmecken, Kräuter und etwas Stärke unterrühren. Die Klöße formen und in die Mitte drei bis vier der vorbereiteten Brotwürfel geben. In kochendes Salzwasser geben und 15 bis 20 Minuten ziehen lassen (nicht mehr kochen).

Die Bäckchen herausnehmen, die Sauce durch ein feines Sieb gießen, abschmecken und nach Belieben mit angerührter Stärke binden.

Gefüllte Spinatklöße

an Meerrettichsauce (vegan) für 4 Personen • Zubereitungsdauer: ca. 45 Minuten

Für die Spinatklöße

- 500 g Kloßschab (tiefgekühlt aus rohen, geriebenen, ausgepressten Kartoffeln)
- 200 g TK (Bio) Spinat
- 1 kleine Zwiebel
- 250 ml Soja- oder Hafermilch
- Pflanzenfett
- Muskatnuss
- Maisstärke/Kartoffelstärke
- Salz & Pfeffer

Für die Meerrettichsauce

- Meerrettich, scharf
- 100 ml Soja- oder Hafermilch
- 500 ml Gemüsebrühe
- 40 g Pflanzenfett
- Mehl
- Rote-Bete-Saft
- Salz & Pfeffer

ZUBEREITUNG

Für die veganen Klöße zunächst den Spinat auftauen und das Wasser ausdrücken. Die Zwiebelwürfel in etwas Pflanzenfett anschwitzen und den Spinat dazugeben. Mit Salz, Pfeffer und Muskat würzen.

Alles mit Soja- oder Hafermilch aufgießen und ca. 5 Minuten weichkochen. Maisstärke in wenig Wasser anrühren und den Spinat damit zu einer formbaren Masse binden. Alles etwas abkühlen lassen.

Danach aus Pflanzenfett und Mehl eine helle Mehlschwitze herstellen. Mit Gemüsebrühe und Soja- oder Hafermilch aufgießen und 10 bis 15 Minuten köcheln lassen. Den Rote-Bete-Saft dazugeben und mit Salz und Pfeffer abschmecken. (Je mehr Saft, desto pinker wird die Soße.) Kurz vor dem Servieren erst den Meerrettich einrühren.

Die Kloßmasse wie im vorangegangenen Rezept zubereiten. Für die Füllung werden nun 8 kleine Klößchen aus der Spinatmasse geformt. Dann aus der Kloßmasse auf der Hand erst etwas Kloßteig platt drücken und ein Spinatklößchen in die Mitte legen. Dieses wird mit der Masse umschlossen und wieder zum Kloß geformt.
Die Klöße in kochendes Salzwasser geben und 15 bis 20 Minuten ziehen lassen. (wieder gilt: Nicht kochen!)

Dann alles zusammen servieren.

Peberg

Wer nicht nur eine tolle Aussicht genießen, sondern dabei auch noch prima essen möchte, der sollte auf den Petersberg spazieren. Der Aufstieg lohnt sich aus vielen Gründen. Einer davon ist das Restaurant PEBERG, das im Jahr 2021 eröffnete.

Doch ganz so neu wie man jetzt denken könnte, ist es gar nicht, denn sowohl die Eigentümer als auch das Gebäude selbst haben schon eine traditionsreiche und stark mit Erfurt verwurzelt Geschichte.

Der Bau diente im Lauf der städtischen Geschichte unterschiedlichen Zwecken. Vor über hundert Jahren als Offizierskasino der Kaserne auf dem Petersberg erbaut, wurde es zu DDR-Zeiten zum Bespiel für die Mittagsversorgung der städtischen Schulen genutzt. Dort, wo sich heute die Lobby befindet, wurde also schon weit vor der Eröffnung des Restaurants gekocht.

Als die Familie Kehr das Haus erwarb, hatte es keine Aufgabe mehr und wartete darauf, wieder zum Leben erweckt zu werden. Aufgrund der besonderen Lage gab es schnell die Idee, daraus ein Hotel zu machen. Ein Vorhaben, für das viele Steine aus dem Weg geräumt werden mussten, ehe die Umsetzung und somit auch Sanierung des Hauses von Grund auf beginnen konnte.

„Über den Dächern der Stadt"

Klar war auch, wer auf einem Berg ein Hotel eröffnet, braucht auch eine Gastronomie. Dass daraus mal ein umfangreiches Restaurant werden sollte, von dem auch die Erfurter profitieren sollen, war zu Beginn gar nicht geplant und kristallisierte sich erst in den drei Jahren des Umbaus heraus.

Von der Idee, das neu integrierte Restaurant unterzuvermieten, verabschiedete sich die Familie Kehr schnell. Das alles in fremde Hände geben, nach so viel Detailarbeit, schien plötzlich undenkbar. Vielmehr entstand die Vision, etwas Eigenes zu schaffen. Einen Ort zum Wohlfühlen und gern Ankommen. Für Erfurter und Besucher der Stadt gleichermaßen. So ist es zwar ganz anders geworden als gedacht, aber es hat sich gelohnt, auf das Bauchgefühl zu vertrauen und eine Gastronomie zu entwickeln, die Tradition und Moderne vereint. Moderne Bilder der Erfurter Sehenswürdigkeiten treffen auf klare Linien. Hier ist bis zum Tisch, an dem man sitzt, alles mit Liebe und Feingefühl ausgesucht. Denn auch wenn's hier echte Thüringer Klöße gibt, sucht man das Wirtshausflair vergebens.

Thüringer Klassiker treffen auf internationale Spezialitäten. Chefkoch Rene Gutjahr steht seit der Eröffnung in der Küche des Restaurants und hat sich eine frische und innovative Küche auf die Fahne geschrieben. Im PEBERG vertraut man auf die eigene Kreativität und scheut sich nicht, ab und an die kulinarischen Grenzen seiner Gäste auszuloten. Das À-la-carte-Restaurant wechselt dabei mehrfach im Jahr komplett das Speisenangebot und wer sich noch mehr Abwechslung wünscht, der findet zusätzlich immer wieder neue Tagesgerichte.

Ab und an gibt es z.B. an Feiertagen besondere mehrgängige Menüs mit passender Weinbegleitung.
Auch lecker in den Tag starten kann man im PEBERG. Denn wenn man den Aufstieg schon am frühen Morgen schafft, steht einem nicht nur als Hotelgast das verführerische Frühstücksbuffet zur Verfügung.
Aus diesem Grund ist eine Reservierung übrigens absolut empfehlenswert, besonders am Wochenende. Denn unverrichteter Dinge umkehren zu müssen, wäre wohl doch sehr frustrierend.

Apropos Aufstieg.
Der lohnt sich übrigens auch im Restaurant selbst.
Denn geht man aus dem eleganten Gastraum eine Wendeltreppe nach oben, hat man ein bisschen das Gefühl, einen Leuchtturm zu erklimmen.

Oben angelangt, entfaltet sich ein einmaliger Ausblick über die Stadt, den man von der Dachterrasse aus auch während des Essens genießen kann. Wenn man Glück hat, sind die vordersten Exklusivplätze frei. Besonders im Sommer ist es ein echtes Erlebnis, ganz gemütlich mit so einem Panorama den Sonnenuntergang zu genießen und den Abend mit einem Getränk in der Hand ausklingen zulassen. Auch davon gibt es im PEBERG-Restaurant übrigens eine ganze Menge.

Neben einer breiten Weinauswahl, die auch regionale Anbaugebiete berücksichtigt, wird auf die Zusammenstellung der Getränkekarte sehr viel Wert gelegt. Das Personal ist geschult darin, zu jedem Essen eine tolle Empfehlung geben zu können. Ebenso umfangreich ist die Auswahl an Cocktails, Longdrinks und ausgesuchten Spirituosen. Man bekommt nicht nur das Standard-Repertoire, das man aus Cluburlauben kennt, sondern auch eigene Kreationen, die es eben nur hier gibt.

Es ist alles da. Ob feines Abendessen, reichhaltiges Frühstück oder Familienfeier. An Ambitionen und Ideenreichtum mangelt es dem Team des Restaurants PEBERG nicht und so steht einer traditionsreichen und langen Zukunft in Erfurts Gastronomieszene hoffentlich nichts im Wege.

 Gehobene Küche
Cocktailbar

 www.restaurant-peberg.de
0361 / 601 960 601

 Petersberg 18
99084 Erfurt

Risotto Carbonara

Für 4 Portionen • Zubereitungsdauer: ca. 45 Minuten

> *„Carbonara kenn ich nur mit Spaghetti. Verrückt, wie cremig das ganz ohne Sahne wird und wehe es macht einer Kochschinken dran."*

- 1 Schalotte
- 50 g Parmigiano
- 50 g Pecorino
- 100 g Guanciale
  (luftgetrocknete Schweinebacke)
- 2 Eier (getrennt)
- ca. 50 g Riso Carnaroli
  bzw. eine Sorte Risotto-Reis
- ca. 600 ml Gemüsebrühe
- 4 cl weißer Portwein
- grober schwarzer Pfeffer

Im PEBERG wird das Risotto mit einem saftigen Stück Heilbutt sous vide gegart (bei ca.70°C 12 Minuten) serviert. Dazu gibt es in Butter sautierten wilden Brokkoli und einen weiteren Klassiker, Vincotto. Eine sirupartige Sauce, die aus sehr reifen roten Trauben gewonnen wird. Aus den Trauben entsteht ein Most, der dann mehrere Stunden bei schwacher Hitze auf ein Fünftel eingekocht wird.

ZUBEREITUNG

Zunächst die Schalotten fein würfeln und die Eier trennen. Anschließend den Käse reiben und wer mag, kocht die Gemüsebrühe selbst. Dabei darauf achten, dass diese nicht zu salzig wird, denn der Käse gibt später noch genug Salzigkeit an das Gericht ab.

Den Guanciale in Streifen schneiden. Diese dann - ganz wichtig - ohne Fett in einer Pfanne kross braten. Ab und an wenden, damit nichts anbrennt und dann zum Trocknen auf ein Küchenpapier legen. Das Fett unbedingt in einer separaten Schale auffangen.

Die Schalottenwürfel in Öl andünsten, bis sie glasig sind, dann den Risottoreis dazugeben. Diesen kurz mit anschwitzen und nach und nach mit Gemüsebrühe und zum Abschluss mit weißem Portwein aufgießen. Die Flüssigkeit muss langsam verkochen, bis das Risotto eine schlotzige Konsistenz hat, das Korn aber noch ganz leicht bissfest ist. Dann ist es perfekt!

Auf einem Teller Eigelb und Käse mischen. Dazu die Hälfte des aufgefangenen Fetts des Guanciale mischen.
Sobald das Risotto al dente ist, vom Herd nehmen und die Ei-Käse-Masse langsam unterrühren.
Das Risotto sollte nun nicht mehr erhitzt werden, da es sonst flockt. Den kross gebratenen Guanciale unterheben und mit frisch gemahlenem schwarzem Pfeffer zum Servieren bestreuen.

Nicht von dieser Welt

Alkoholischer Cocktail

- 1 cl Mandelsirup
- 2 cl Limettensaft
- 1 cl Dry Curacao
- 1 cl Falernum Rumlikör
- 4 cl Gin
- 2 cl brauner Rum
- Eiswürfel
- Zimtstange

Für den Cocktail wird ein Cocktailshaker benötigt. Dieser wird zunächst mit 3 großen Eiswürfeln gefüllt. Danach werden alle Zutaten in den Shaker gegeben, dieser geschlossen und kräftig geschüttelt. Zeitgleich kann man das Tumblerglas mit Eiswürfeln füllen und somit vorkühlen.

Den Cocktail durch ein Sieb in den Tumbler füllen. Zum Garnieren kann eine Zimtstange kurz abgeflämmt und auf den Glasrand gelegt werden, um das würzige Aroma zu unterstreichen.

Barrel Blossom

Alkoholfreier Coktail

- 3 cl alkoholfreier Whiskey
- 3 cl Passionsfrucht-Minze-Sirup
- 3 cl Sūpāsawā
  (Zitronen-Limetten-Konzentrat)
- Ginger Beer

Alle Zutaten, bis auf das Ginger Beer, in einen mit Eis gefüllten Cocktailshaker geben und gut mixen.

Danach in ein Longdrinkglas geben, das ebenfalls mit Eiswürfeln gefüllt wird. Durch ein Sieb die gemixten Zutaten in das Glas geben und anschließend mit Ginger Beer bis zum Rand auffüllen.

Zum Garnieren eignen sich Minze oder auch eine Ananasscheibe. Im PEBERG werden dazu selbsthergestellte Ananas-Crisps benutzt.

StefaDo's

Natürlich darf ein italienisches Restaurant nicht fehlen, denkt man vielleicht nach einem Rundgang durch die Stadt. Italienisches Essen ist ja in Deutschland sehr beliebt - oder zumindest das, was man für italienisches Essen hält.

Vorbei am Dom, den man sich durchaus mal von hinten anschauen kann, spaziert man die Mainzerhofstraße entlang Richtung Theaterplatz. Dieser ist übrigens auch ein Foto wert und man findet dort das StefaDo's. Im Sommer kann man draußen auf dem Platz sitzen und das Treiben der Stadt beobachten. Geht man hinein in das Backsteingebäude, findet man ein kleines, puristisches und schon ein wenig mediterran anmutendes Restaurant mit nur wenigen Tischen vor. Eventuell haben wir hier auch die kleinste aller vorgestellten Küchen (da wir nicht ausgemessen haben, geben wir auf diese Angabe keine Gewähr).

Hier kochen Stefano und Doreen, die zusammen seit 2010 das StefaDo's betreiben, dessen Namensursprung damit nun auch erklärt wäre. Lange haben sie nach einem passenden Objekt gesucht, in dem sie sich den Traum vom eigenen Restaurant erfüllen können. Wobei vor allem Stefano kocht. Er ist Sarde und das ist nicht Italien. Somit wäre das mit dem italienischen Essen nun auch wieder hinfällig.

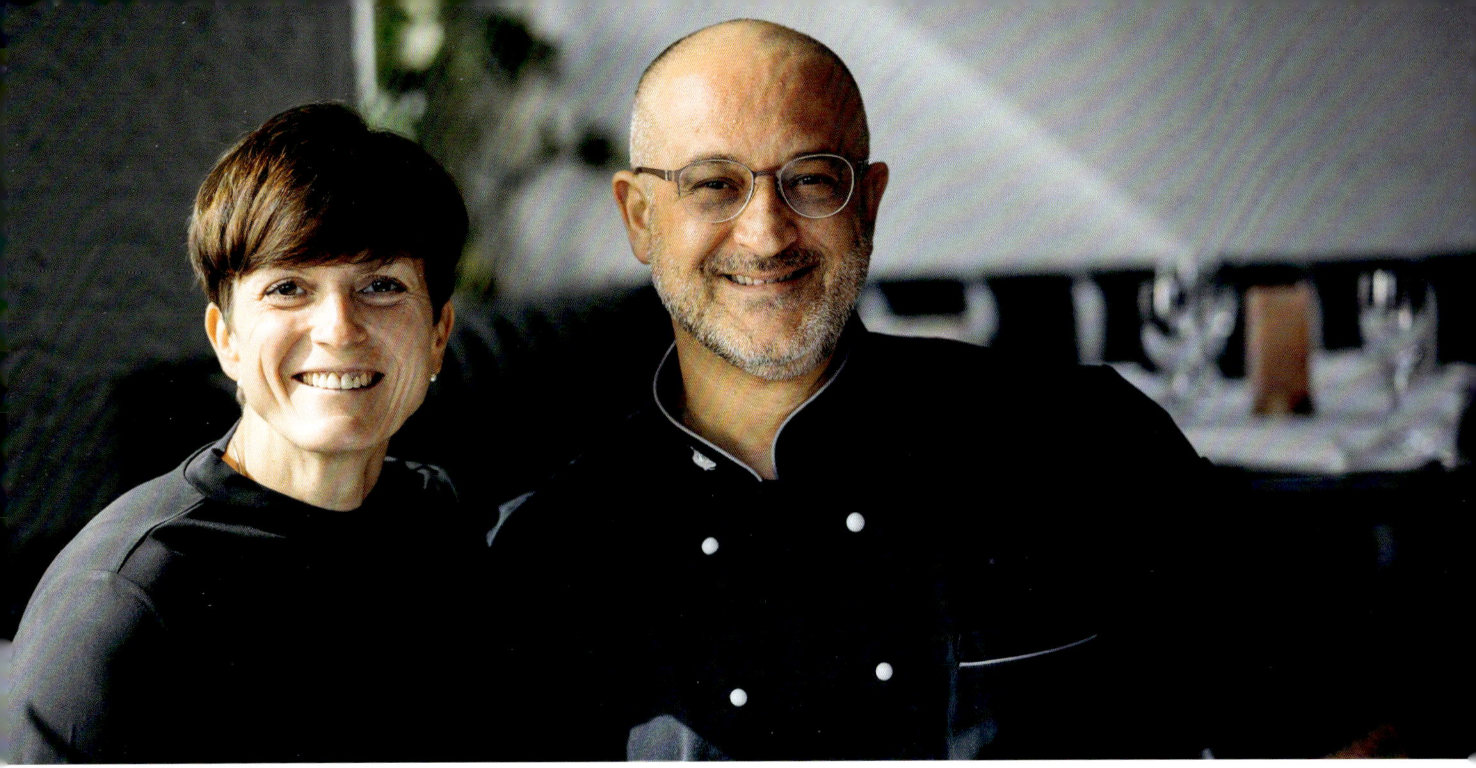

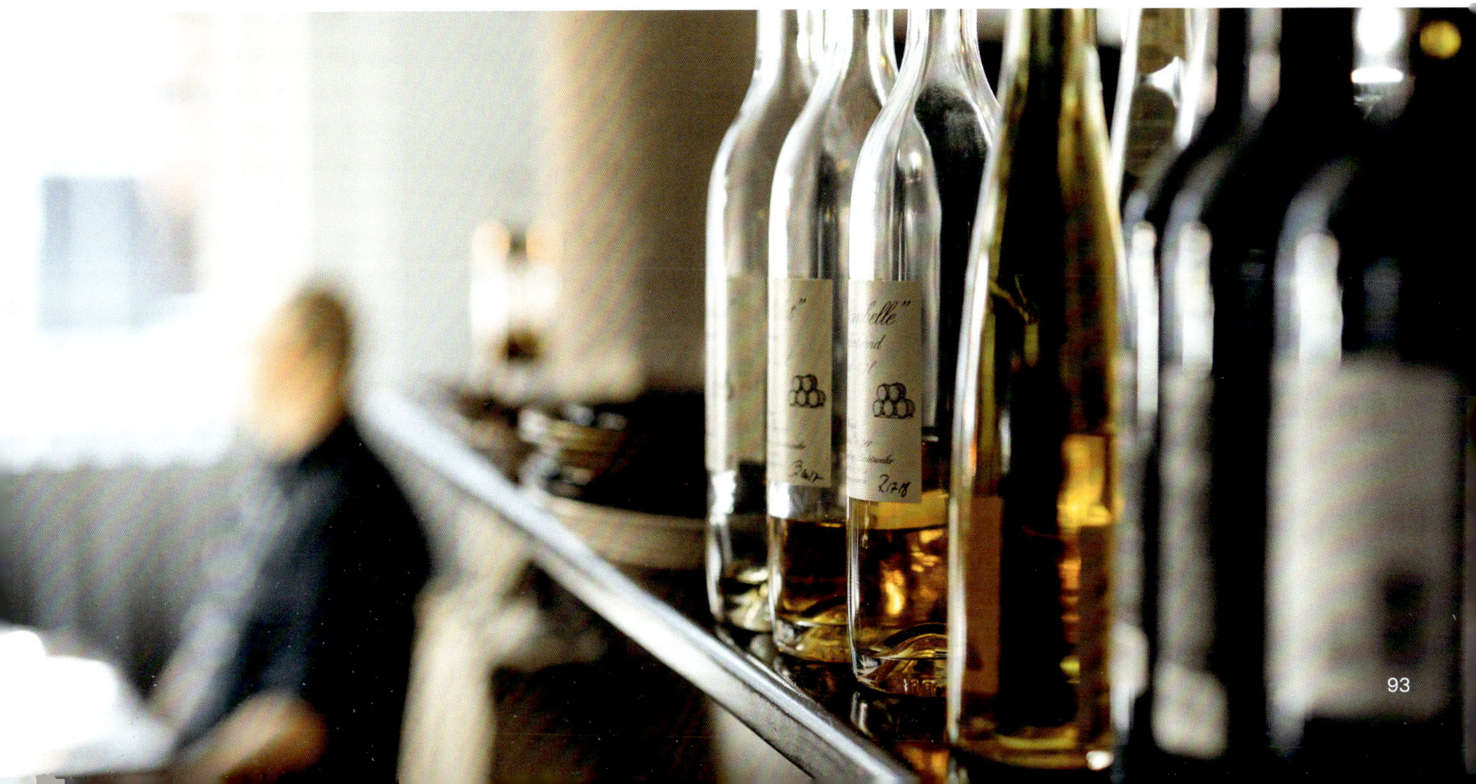

Kennengelernt haben die beiden sich zwar im Süden, aber doch noch in Deutschland - nämlich am Bodensee. Dort waren sie zusammen schon im Gastgewerbe tätig, aber in Doreen wuchs der Wunsch nach etwas Eigenem. Nicht irgendwo, sondern wieder zurück in der Heimat. Doreen, die in Erfurt geboren und aufgewachsen war, vermisste die Stadt. Stefano musste mit. Das ist ihm aber nicht schwer gefallen, da er seit seinem 17. Lebensjahr in der Welt und nun an Doreens Seite in Erfurt zuhause ist.

„Ein Sarde ist kein Italiener"

Stefano selbst ist auf Sardinien geboren und auch wenn die Insel natürlich zu Italien gehört, so lernen wir doch schnell, dass es da gewaltige Unterscheide gibt. Man versteht sich nicht wirklich, zumindest sprachlich, denn durch die bewegte Geschichte der Insel gibt es sogar im Sprachbild markante Abweichungen. Auch kulinarisch sind die nicht von der Hand zu weisen. Je nach Region werden bestimmte Gerichte unterschiedlich zubereitet. Pizza zum Beispiel sucht man im Stefa-Do's vergebens auf der Speisekarte. Und auch sonst ist das Angebot überschaubar. Viel Wechsel gibt es ebenfalls nicht. Nicht, dass man es nicht probiert hätte. Doreen erklärt, dass sie das mal versucht haben, aber von ihren Gästen sehr schnell ertappt wurden, die ihre Leibgerichte wiederhaben wollten. Und da der Gast schließlich König ist, gibt es nun neben dem festen Programm immer wieder tagesaktuelle Gerichte, die am Tisch vorgestellt werden. So kommt man gleich noch einmal mehr ins Gespräch.

Während man dem Gast Vitello tonnato und Spaghetti aglio e olio beim Bestellen nicht großartig näherbringen muss, gibt es allerdings Zutaten, die schon spezieller und auch erklärungsbedürftiger sind. Bottarga zum Beispiel, was getrockneter Fischrogen ist und frisch über die Pasta gerieben werden kann, wenn man mag.

Authentisch kochen, mit frischen Zutaten, die in Erfurt nicht immer leicht zu finden sind - darum geht's den beiden. Dafür nehmen sie auch Ausflüge zum italienischen Großmarkt in Kauf.

Gelernt hat Stefano nicht in einer klassischen Ausbildung, sondern zu Hause von Mama. Lange Zeit war sie der Telefonjoker, den er anrufen konnte, wenn doch nochmal ein Rezept erfragt werden musste. Originaler geht es wohl kaum. Seine Familie lebt nach wie vor auf Sardinien und wenn möglich, steht im Jahr auch ein Heimatbesuch an. Der ist dann natürlich auch immer ein wenig mit Arbeit verbunden, denn mit leeren Koffern kehrt man besser nicht nach Erfurt zurück.

In zwölf Jahren haben die beiden viel gelernt und zusammen Höhen und Tiefen erlebt. Gastronomie und all die Herausforderungen, die mit dem Führen eines Restaurants einhergehen, haben die beiden Zufriedenheit gelehrt. Sie sind dankbar für ihre treuen Stammkunden und ihr wunderbares Team. Mehr Tische, tolle Auszeichnungen oder weitere Restaurants –

das alles brauchen sie nicht. Sie sind froh und stolz, Teil dieser echt netten Stadt zu sein, die viel zu bieten hat und (so ziemlich alle erwähnten das) einfach genau die richtige Größe hat.

Touristen finden das StefaDo's oft auf Empfehlung, das ansonsten von Stammgästen und Fans gern besucht wird und darum schnell voll ist. Eine Reservierung ist daher die sichere Variante. Dann kann man auch herausfinden, wie eine echte Carbonara schmeckt und dass die drei Ausrufezeichen in der Karte durchaus ihre Berechtigung haben.

 Authentisch sardische Küche

 www.stefados-erfurt.de
0361 / 541 544 53

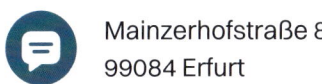 Mainzerhofstraße 8
99084 Erfurt

Fregola Sarda

Für 4 Portionen • Zubereitungsdauer: ca. 20 Minuten

- 120 g Fregola
- 200 g Austernpilze
- 100 g Salsiccia
- 1 Zwiebel
- Knoblauchöl
- 1 Handvoll gehackte Petersilie
- ca. 80 g Pecorino (gerieben)
- 200 ml Gemüsebrühe
- 100 ml Weißwein
- 1 Schuss Anisschnaps
- Salz & Pfeffer

ZUBEREITUNG

Die Fregola Sarda werden in gesalzenem Wasser bissfest gekocht. Die Austernpilze grob putzen und dann in feine Streifen zupfen. Das geht wunderbar ohne Messer.

Zwiebel fein hacken und auch alle übrigen Zutaten bereitstellen. Nun in einer großen Pfanne zunächst die Pilze anbraten, dann die Salsiccia und erst danach die Zwiebeln hinzugeben. Wenn alles kräftig angeschwitzt ist mit etwas Knoblauchöl ergänzen. Dieses benutzen wir statt gehacktem oder gepresstem Knoblauch, da das Aroma sonst zu stark ist und zu dominant wird.

Mit Brühe und Weißwein ablöschen und dann die gekochten Fregola Sarda und die gehackte Petersilie in die Pfanne geben. Ein Schuss Anisschnaps unterstützt die feine Fenchelnote der Salsiccia und kann daher ebenfalls zugegeben werden.

Alles gut schwenken und auf eine cremige Konsistenz einreduzieren lassen. Am Ende erst mit geriebenem Pecorino abschmecken und eventuell danach noch nach Bedarf Salz und Pfeffer ergänzen.

Bab & Bab

Nicht weit vom Domplatz entfernt, kann man entlang der Langen Brücke schlendern. Erfurt und seine Brücken! Auch diese ist natürlich nicht sofort als solche zu erkennen, auch wenn man von ihr aus das Wasser immerhin ab und an erspähen kann. Denn mit „Lange Brücke" ist in diesem Fall eine Straße gemeint, die aber durchaus über eine Brücke und vorbei an süßen Häusern und dem typischen Altstadtcharme Erfurts fast ganz ohne Autos führt. Dort befindet sich, so gar nicht typisch, ein koreanisches Restaurant.

Wichtiger ist aber der doch deutlich größere Umzug von Korea nach Erfurt. Schuld daran war ein Studium in Deutschland. Nicht in Erfurt, sondern in Berlin haben die beiden das erste Mal Kultur, Land und Leute lieben gelernt. Eine Zeit in der Hauptstadt, in der das Thema Streetfood und koreanisches Essen schon ein ziemlich großes war. In Thüringen steckte beides noch in den Kinderschuhen und so bot Erfurt eine tolle Ausgangslage für die Idee ihres eigenen Bistros.

Die beiden Park-Schwestern kochen vor allem die Klassiker aus ihrer eigenen Kindheit nach und legen viel Wert auf einen authentischen Geschmack. Mit frischen Zutaten und ganz ohne Geschmacksverstärker ist es ihnen ein Anliegen, ihre Traditionen und die gesundheitlichen Vorteile ihres Kochens nach Thüringen zu bringen. Denn davon sind sie überzeugt. Gelernt haben sie den Beruf nicht, aber dafür umso mehr Freude daran.

„Mehr als nur Reis"

Bab bedeutet übrigens Reis. Der darf natürlich in der koreanischen Küche nicht fehlen, aber das Bab & Bab darauf zu reduzieren wäre ein fataler Fehler. Hier gibt es viel mehr. Das haben auch die Erfurter gelernt, die zu Beginn noch an einen klassischen Asia-Imbiss dachten und gebratene Nudeln bestellen wollten. Doch die Neugierde wuchs und so entwickelte sich schnell eine Stammkundschaft, die die koreanische Küche kennen und lieben lernte.

Mit dem Umzug und dem darauffolgenden Umbau ist das Bab & Bab nun endgültig weg vom Imbiss-Image und ein echt tolles Bistro geworden, in dem die Gäste freundlich darauf hingewiesen werden, wie man die Gerichte richtig isst. Denn die beiden scheuen sich nicht, auch mal auf Fehler hinzuweisen. So lernt man hier auch noch was dazu!
Hier wird Tradition „kostbar" und ohne selbst je in Korea gewesen zu sein, sind wir sicher - hier ist alles Original.

Was auch nicht immer einfach ist, wenn es zum Beispiel um die Beschaffung der richtigen Zutaten geht. Mit der Zeit ist ein großes Netzwerk entstanden und Heimatbesuche werden exakt geplant, damit in Erfurt wieder gewohnt authentisch gekocht werden kann.

Trotzdem haben die beiden Schwestern immer wieder Spaß daran, die Unterschiede zwischen deutschen und koreanischen Gästen auszumachen. Warum Deutsche selbst an warmen Sommertagen heiße Suppen essen, werden sie wohl nie so ganz verstehen, doch die Freude darüber, dass ihre Landesküche so gut angenommen wird, ist riesig.

Beim Bestellen ist es durchaus sinnvoll, sich Hilfe zu holen, um eine Idee davon zu bekommen, was einen erwartet, wie groß die Portionen sind und wie scharf eigentlich scharf ist. Wer mutig ist, probiert einfach wild drauf los. Das macht sogar bei der Getränkekarte schon Spaß, auf der viele landestypische Spezialitäten angeboten werden.
Auch ein großes Thema im Bab & Bab ist das Fermentieren. Nicht umsonst ein aktueller Trend, der mit Kimchi wohl sein bekanntestes und eben auch koreanischstes Gericht hat. Der wird hier übrigens eimerweise selbst hergestellt.

Groß ist das Bistro nicht und deshalb zur Mittags- und auch Abendzeit oft proppenvoll. Gerade wenn man nur ein begrenztes Zeitfenster hat und auf einen Zwischenstopp im Bab & Bab vorbeikommen möchte, ist eine Reservierung darum empfehlenswert.

 Koreanisches
Bistro

 www.babnbaberfurt.com
0361 / 789 604 40

 Lange Brücke 64
99084 Erfurt

Haemul Pajeon

Für 4 Portionen • Zubereitungsdauer: ca. 15 Minuten

„Jede Nation hat ihre eigene Art Pfannkuchen zuzubereiten.
So macht man es in Korea.“

- 200 g Frühlingszwiebeln
- 200 g Cocktail-Shrimps
- 200 g Tintenfisch oder Muscheln
- jeweils eine grüne & rote Chili
- etwas Pflanzenöl

Für den Teig
- 400 ml Mehl
- 400 ml Wasser
- 2 Eier
- Salz & Pfeffer

Für die Sauce (als Dip)
- 1 EL Sojasauce
- 2 TL Zucker
- 1 EL Essig

ZUBEREITUNG

Die Frühlingszwiebeln putzen und in 7-10 cm lange Streifen schneiden. Die Meeresfrüchte säubern und je nach Größe in mundgerechte Stücke schneiden. Die Chilis halbieren, entkernen und in diagonale Streifen schneiden. Anschließend wird der Teig zubereitet. Dafür Mehl, Wasser und Eier verquirlen und mit etwas Pfeffer und Salz würzen. Danach die Einlagen zum Teig hinzugeben.

In einer großen Pfanne Öl erhitzen, den Teig mit einem großen Löffel ins heiße Öl geben und die Pfannkuchen ausbacken. Ganz nach Belieben in einer großen oder mehreren kleinen Formen.

Sobald die Unterseite goldbraun geworden ist, wird der Pfannkuchen gewendet. Danach frisch mit der Sauce zum Dippen servieren. Für den Dip werden alle Zutaten miteinander vermischt und gerührt, bis sich der Zucker aufgelöst hat.

Japchae

Nudelgericht für 4 Personen
Zubereitungsdauer: ca. 25 Minuten

- 400 g koranische Glasnudeln
- 160 g Rindfleisch (oder Schweinefleisch)
- 1-2 EL Sesamöl
- 1 Prise Pfeffer
- 1 Handvoll Shiitake-Pilze (oder andere Pilze)
- 120 g Zucchini
- 80 g Karotten
- 100 g Zwiebeln
- Sojasauce
- Zucker
- Pflanzenöl
- Sesamöl & weiße Sesamkerne

ZUBEREITUNG

Zunächst werden die Nudeln gekocht und nach ca. 5 Minuten abgeschreckt und zur Seite gestellt.

Das Rindfleisch würfeln und mit 2-3 TL Sojasauce und 1 TL Zucker mischen. Danach scharf anbraten. Das Gemüse in kleine Stifte schneiden und ebenfalls, aber am besten in einer frischen Pfanne, mit etwas Öl anbraten.

Nun werden 8 EL Sojasauce, 4 TL Zucker, 8 EL Pflanzenöl, etwas Pfeffer, 500 ml Wasser, etwas Sesamöl und 2 EL weiße Sesamkerne zu einer Soße vermengt. Diese wird kurz aufgekocht und danach kommen die Nudeln dazu. Dort dürfen sie die ganze Soße aufnehmen. Anschließend kommen das Fleisch und das Gemüse hinzu. Noch einmal kurz durchmischen und schon ist das Nudelgericht fertig.

Magda

Jetzt geht es etwas weiter hinaus aus dem Stadtkern. Nämlich nach Alach - einem Ortsteil von Erfurt und somit noch zur Stadt gehörig. Die Fahrt lohnt sich, dennoch sollte man hier schon vorher Schnick, Schnack, Schnuck spielen, wer das Auto nach Hause fahren darf oder man überlegt, einfach mal auswärts zu nächtigen. Das geht in unserem nächsten Restaurant nämlich auch. Aber der Reihe nach.

Das Restaurant „Magda" ist Teil des Magdalenenguts, wie der liebevoll renovierte und umgestaltete Vier-Seiten-hof heißt. So steht es auch auf einem großen Schild am Eingangstor. Seinen Ursprung hat das Gut wohl um 1742 und eigentlich sollte es abgerissen werden. Doch zum Glück konnte das verhindert werden. Seitdem wird fleißig gewerkelt, renoviert und restauriert. Neben einem Restaurant befinden sich dort ein Saal für Feierlichkeiten mit einem imposanten Kamin, eine kleine Kapelle, viel Grün natürlich und auch einige wenige Hotelzimmer. Ganz fertig ist das Magdalenengut noch nicht, darum ist die Aufzählung noch unvollständig und man darf gespannt abwarten, wie sich das Gelände und auch das Angebot dort in Zukunft entwickeln wird.

„Klein aber fein"

Das Restaurant Magda selbst liegt beim Betreten des Gehöfts gleich rechts und hat nur wenige Tische im Innenraum.

Bei schönem Wetter kann man auch im Laubengang oder unter dem mit Lichterketten geschmückten Sonnensegel Platz nehmen. Das ist besonders im Sommer auch ein bisschen wie ein kleiner Kurzurlaub. Doch auch dort ist der Platz nicht unbegrenzt. Eine telefonische Reservierung ist daher nicht nur empfehlenswert, sondern unbedingt notwendig, damit einem schönen Abend nichts im Wege steht. Denn die Küche stellt sich jeden Abend individuell auf ihre Besucher ein. So kann man die Gelegenheit auch gleich nutzen, um etwaige Sonderwünsche mitzuteilen.

Selbst vegetarische oder vegane Alternativen sind dann mit etwas Vorlaufzeit realisierbar. Man traut sich was im Magda.

Das Magda hieß übrigens nicht schon immer so. Den Namen bekam das Restaurant von Küchenchef André Radtke, der das Restaurant im August 2019 übernommen hat. Natürlich mit Anlehnung an den Hof, in dem es beheimatet ist. Ohnehin spürt man, dass beide mittlerweile eine Symbiose eingegangen sind. Egal, ob das abendliche Menü, Feierlichkeiten oder das Frühstück für die Hotelgäste. Das Magda sorgt dafür, dass kulinarisch in jedem Moment an alle gedacht wird und sich jeder wohlfühlt.

Das richtige Stichwort - eine Wohlfühlatmosphäre für die Gäste schafft nämlich auch das Team jeden Abend (und manchmal auch schon mittags) aufs Neue. Jeden Monat wird ein neues Menü präsentiert. Angepasst an die jeweilige Jahreszeit und neue Gerichte mit oft regionalen Produkten. Mit einer sehr ansprechenden Tellersprache und immer wieder kleinen Raffinessen, mit denen auch alltägliche Gerichte ganz neu und spannend interpretiert werden.

Ja, im Magda kommt auch mal Kartoffel mit Ei und Spinat auf den Teller. Aber ganz bestimmt anders, als erwartet.

Durch den engen Bezug zu Händlern und Produzenten gibt es zu fast jedem Essen auch eine Geschichte oder Anekdote zu erzählen. Man erfährt hier viel - über das Essen, den Ort und die Gastgeber.

Auch die Getränkebegleitung zum Menü sollte sich niemand entgehen lassen. Das muss nicht immer nur Wein sein, denn auch da macht sich das Team viele Gedanken und sucht immer wieder überraschende Pairings heraus.

Gedanken, die sich das Team macht, muss sich der Gast nicht mehr machen. Hier kann man getrost die Verantwortung aus der Hand geben. Das machen manche Gäste sogar so vertrauensvoll, dass sie sich nicht einmal vorab sagen lassen, was es gibt. Und so ganz genau weiß man das dann erst, wenn die Teller auf den Tisch kommen.

Das Konzept des Magda ist im Kern gleichgeblieben. Das liegt sicher auch daran, dass André Radtke die ursprünglichen Betreiber gut kannte und man sich gegenseitig schon lang vor der Staffelstabübergabe unter die Arme griff. Auch vorher kochte Radtke schon in Erfurt, startete hier sogar seine Karriere, bevor es ihn in die weite Welt und viele Küchen verschlagen hat. Mit dem Magda ist er nun seit drei Jahren auch in Erfurt ganz fest angekommen, was aber keineswegs Stillstand bedeutet. Es wird getüftelt und immer weiter an Ideen geschmiedet.

Grillevents, Picknickkörbe und ein Hofladen mit selbstgemachten Marmeladen, die selbstverständlich aus der Küche des Magda kommen.

So ist auch die Idee der Hofweihnacht geblieben. Auch in Zukunft soll es an den Adventswochenenden kleine Veranstaltungen geben, um die Weihnachtszeit in fast schon familiärer Atmosphäre zu genießen.

Ziele und Projekte gibt es viele und für all die lässt man sich Zeit. Denn weg will hier niemand mehr. Ins Magda kommen ist eine genussvolle Auszeit abseits des städtischen Trubels.

 monatlich wechselndes
Mehrgänge-Menü

 www.restaurant-magda.de
036 208 / 24 38 96

 Brauhausgasse 3
99090 Erfurt OT Alach

Rosa Pfeffer trifft Himbeere

Rosa Pfefferbeeren-Eis mit Milch-Crumble, weißer Schokoladen-Mousse und Rhabarber–Himbeer-Kompott

Zubereitungsdauer: ca. 60 Minuten

MILCH-CRUMBLE

- 40 g Milchpulver
- 40 g Mehl
- 12 g Speisestärke
- 25 g Zucker
- 1 Prise Salz
- 55 g geschmolzene Butter
- Zum Finalisieren: 20 g Milchpulver
- 90 g geschmolzene weiße Schokolade

Den Ofen als Erstes auf 120°C vorheizen. Danach das Milchpulver mit dem Mehl, der Speisestärke, dem Zucker und dem Salz in einer Schüssel vermischen. Die Butter zufügen und solange mit einem Löffel verrühren, bis sich die Masse verbindet und kleine Klümpchen entstehen.
Diese werden dann auf einem Backblech, das mit Backpapier ausgelegt ist, verteilt und ca. 20 Minuten im Ofen backen. Die Krümel sollten nach dem Abkühlen eine eher sandige Konsistenz haben und vorsichtig zerkleinert werden. Jetzt die Krümel noch mit dem übrigen Milchpulver vermischen.

Die weiße Schokolade über einem Wasserbad schmelzen und über die Krümel gießen.
Dabei alles mit einem Löffel vermischen, bis die Krümel mit der Schokolade hauchdünn überzogen sind. Nun alle 5 Minuten rühren, bis die weiße Schokolade hart geworden ist und nichts mehr klebt.

Den fertigen Crumble gibt man am Ende auf den Teller und platziert darauf das Eis, damit dieses auf dem Teller nicht verrutscht. Eine sogenannte Eisbremse.

ROSA PFEFFERBEEREN-EIS

- 250 ml Milch
- 250 ml Sahne
- 75 g Zucker
- 6 Eigelb
- 2 TL Rosa Pfefferbeeren

Als Erstes Milch und Sahne in einen Topf geben, kurz aufkochen und dann wieder etwas abkühlen lassen.

Danach die Eigelbe und den Zucker in einer separaten Schüssel verrühren und dann vorsichtig unter die noch warme Milchmischung mit einem Schneebesen einarbeiten. Das muss schnell gehen und das Ei darf dabei nicht stocken. Über einem Wasserbad alles weiter aufschlagen bis eine Temperatur von ca. 83 bis 85°C erreicht ist. (Diesen Vorgang nennt man auch „zur Rose abziehen").

Mit Hilfe eines Löffels werden die Rosa Pfefferbeeren durch ein Sieb gedrückt und so von ihrer Hülle getrennt. Benötigt werden am Ende nur die Schalen. Diese werden unter die Masse gehoben und Alles wird für ca. 12 Stunden eingefroren. Wer mag und Zeit sparen möchte, kann natürlich auch eine Eismaschine benutzen.

RHABARBER-HIMBEER-KOMPOTT

- ○ ca. 2 Stangen Rhabarber (*den gibt's außerhalb der Saison auch tiefgekühlt*)
- ○ 100 g frische Himbeeren
- ○ Zuckersirup (100 g Zucker und 100 ml zu einem dickflüssigen Sirup einreduzieren)
- ○ 3 g Agar Agar

Als ersten Schritt den Rhabarber waschen und schräg in daumengroße Stücke schneiden. Diese dann in ein Blech oder eine große Auflaufform schichten und die frischen Himbeeren dazu geben. Alles mit dem Zuckersirup übergießen und für den Geschmack noch etwas frisch gemahlene Vanille dazugeben. Zugedeckt mit einem Deckel oder Alufolie bei 160°C in den Ofen geben, bis der Rhabarber etwas weich geworden ist und der Saft austreten konnte.

Nach dem Backen diesen Sud abgießen und in einen Topf geben. Der Saft wird mit dem Agar Agar aufgekocht und darf dann wieder abkühlen. Dadurch entsteht ein Gelee, dass später auf den Tellern als kleine Pünktchen zum Dekorieren aufgespritzt wird. Dazu kann man eine Squeeze-Flasche nehmen oder das Gelee einfach mit einem Löffel verstreichen.

Hat das Gelee nach dem Auskühlen eine zu feste Konsistenz, einfach nochmal kurz mit dem Handmixer pürieren. Das übrige Kompott später auf dem Teller oder der Mousse verteilen.

WEISSE SCHOKOLADEN-MOUSSE

- ○ 3 Blätter weiße Gelatine
- ○ 150 g weiße Schokolade
- ○ 2 Eigelb
- ○ 1 EL Orangenlikör
- ○ Abrieb einer halben Orange (unbehandelt)
- ○ 300 ml Schlagsahne

Für die weiße Mousse zunächst die Gelatine in etwas kaltem Wasser einweichen. Die weiße Schokolade über einem Wasserbad schmelzen. Die Eigelbe mit 2 EL Wasser ebenfalls über dem heißen Wasserbad cremig aufschlagen.

Anschließend wird die Gelatine zum Eigelb gegeben, danach die aufgelöste Schokolade, dann den Orangenlikör und zuletzt die Orangenschale unterrühren.

Im nächsten Schritt wird Sahne in einem separaten hohen Behälter steif geschlagen und unter die Masse gehoben. Alles wird in Portionsgläser oder eine flache Auflaufform gegeben und darf dann im Kühlschrank 4 bis 5 Stunden kalt und fest werden.

Zum Servieren später entweder die Portionsgläser mit dem Gelee dekorieren und so auftischen oder mit einem runden Ausstecher aus dem flachen Gefäß ausstechen und auf einem Teller platzieren.

Zumnorde

Ging es nicht um Restaurants? Wie kommt jetzt ein Schuhgeschäft in dieses Buch? Nicht nur in Erfurt eine wichtige Adresse, wenn man Schönes für die Füße sucht. Die Familie Zumnorde betreibt schon seit 1887 Schuhgeschäfte als erfolgreiches Familienunternehmen.

Direkt nach der Wiedervereinigung haben sie Erfurt als einen tollen Standort in den neuen Bundesländern erkannt und für einen neuen Laden auserkoren. Völlig zu Recht, wenn man uns fragt, denn Erfurt ist eine wunderschöne Stadt, aber wir sind natürlich befangen. Ganz knapp ist Erfurt damit der südlichste aller derzeitigen Standorte.

Ganz zentral, nicht weit von der Staatskanzlei, dem Hirschgarten und in der Nähe des Erfurter Angers, wo man wunderbar shoppen kann, wurden die Zumnordes damals auf der Suche nach der passenden Immobilie fündig, sodass 1991 das Schuhgeschäft mit dem Verkauf beginnen konnte.

Doch das gewählte Gebäude wirkte nicht nur vielversprechend, sondern war auch riesengroß und bot so viele Möglichkeiten. Ein Schuhparadies auf mehreren Etagen? Vielleicht gibt's Frauenherzen, die bei diesem Gedanken höherschlagen und ein wenig bedauern, dass dieser nicht weiterverfolgt wurde. Doch stattdessen entstand eine andere Idee. Denn wenn man Erfurt besucht, warum dann nicht gleich für ein ganzes Wochenende? Der Plan für ein Hotel entstand, denn davon gab es zu der Zeit noch nicht allzu viele. Und mit ihm auch der für eine angeschlossene Gastronomie, um auch für das leibliche Wohl der Gäste zu sorgen.

Natürlich ging das nicht über Nacht, aber 1997 konnten die Räumlichkeiten des Restaurants mit Barbereich, Weinstube, dem Tabakskolleg und der Terrasse so eröffnen, wie man es auch heute noch weitestgehend vorfindet. Die verschiedenen Bereiche bieten die Qual der Wahl. Sitzt man im Innenbereich in elegantem, klassischem Ambiente, umringt von viel Holz und Gemütlichkeit? Oder im glyzinienumrankten Biergarten mit seinem tollen Außenkamin und dem Glasdach, das einen auch bei Nieselwetter lauschig genießen lässt. Geschützt ist man außerdem vor neugierigen Blicken, denn schon so mancher Gast hat es zu schätzen gewusst, dass der Außenbereich zwar sehr zentral in Erfurt, aber doch gänzlich versteckt liegt.

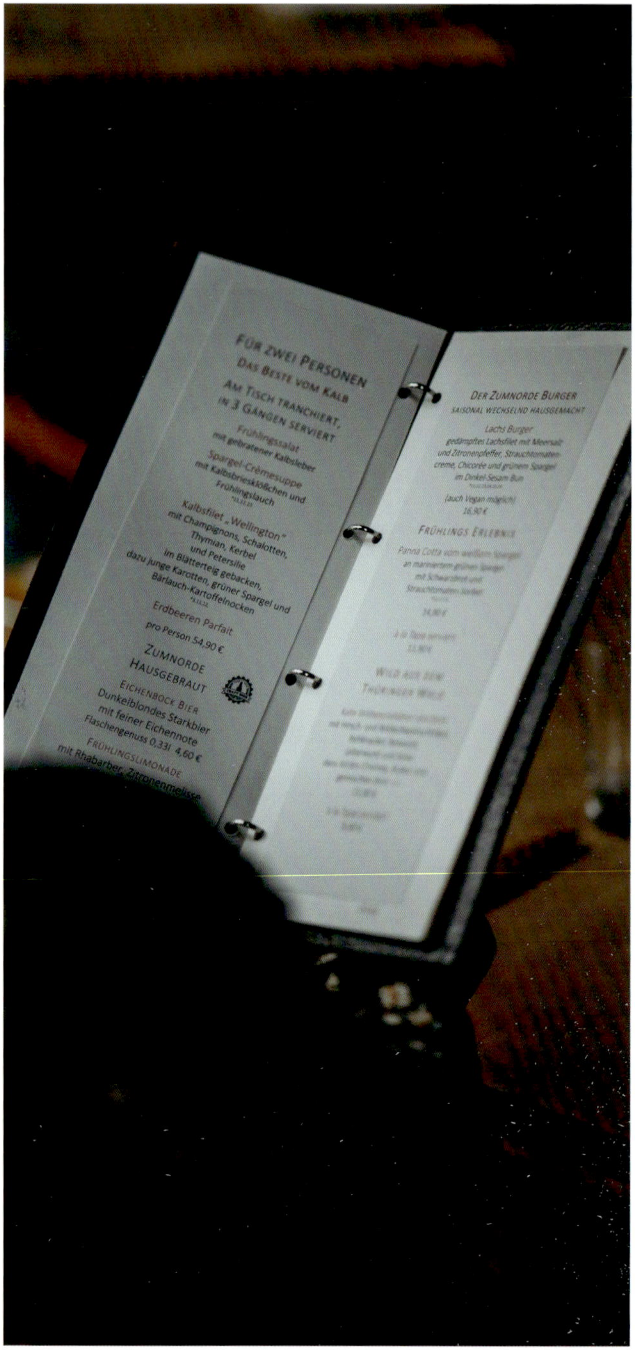
Für zwei Personen
Das Beste vom Kalb
Am Tisch tranchiert,
in 3 Gängen serviert
Frühlingssalat
mit gebratener Kalbsleber
Spargel-Crèmesuppe
mit Kalbsbriesklößchen und
Frühlingslauch
Kalbsfilet „Wellington"
mit Champignons, Schalotten,
Thymian, Kerbel
und Petersilie
im Blätterteig gebacken,
dazu junge Karotten, grüner Spargel und
Bärlauch-Kartoffelnocken
Erdbeeren Parfait
pro Person 54,90 €
Zumnorde
Hausgebraut
Eichenbock Bier
Dunkelblondes Starkbier
mit feiner Eichennote
Flaschengenuss 0,33l 4,60 €
Frühlingslimonade
mit Rhabarber, Zitronenmelisse
Der Zumnorde Burger
Saisonal wechselnd hausgemacht
Lachs Burger
gedämpftes Lachsfilet mit Meersalz
und Zitronenpfeffer, Strauchtomaten-
creme, Chicorée und grünem Spargel
im Dinkel-Sesam Bun
(auch Vegan möglich)
16,90 €
Frühlings Erlebnis

„Ob Norden, Süden oder Osten ist doch egal. Erfurt ist einfach eine schöne Stadt. Das darf man ruhig wissen."

Auch wenn der Standort gleich und die Inneneinrichtung zeitlos ist, so hat sich doch inhaltlich und kulinarisch Einiges verändert. Lange Zeit wurde es in fremde, aber vertrauensvolle Hände gegeben. Das fiel aufgrund der Namensgleichheit von außen nicht immer auf und vielleicht weiß es der ein oder andere Einheimische gar nicht. Was hingegen bekannt ist, ist das ambitionierte Kochen auf hohem Niveau, das hier lange Zeit stattfand. Fast hätte man den erlesenen Kreis der Sterneküche erreicht, doch Gourmet-Essen ist nicht jedermanns Geschmack.

Heute wird es wieder von der Familie Zumnorde selbst betrieben.
Man schätzt den gemeinschaftlichen Betrieb Hand in Hand mit dem Hotel, bei dem nun wieder geschäftliche und private Veranstaltungen geplant werden können.
In der Küche werden wieder mehr gutbürgerliche Klassiker zubereitet, aber auch modern interpretierte Gerichte. Ein hohes, aber bodenständiges Niveau, das man halten und damit begeistern möchte. Wer sich einmal durch die Karte probieren möchte oder doch nur einen kleinen Hunger mitgebracht hat, wird ebenfalls fündig. Viele Gerichte gibt es auch in einer kleinen „Tapa"-Größe. So ist es sogar möglich, sich sein eigenes Mehrgangmenü zusammenzustellen.

Ein weiteres Highlight ist der Service am Tisch, für den manchmal auch die Köche ihren vertrauten Platz am Herd verlassen. Da wird noch nach altem Brauch am Tisch das Geflügel tranchiert. Wer das noch nicht erlebt hat, hat nun einen weiteren Grund das Restaurant zu besuchen.

Wichtig ist im Zumnorde neben einem hervorragenden Service vor allem der Fokus auf Qualität. Wenn möglich, wird alles aus regionalem Anbau und von hiesigen Händlern bezogen. Auch bei der Auswahl für die Weinkarte findet man viele deutsche und teilweise ganz nahe gelegene Weingüter aus der Saale-Unstrut-Region oder aus Weimar.

Auch wenn es keine direkte Verwurzelung in Erfurt gibt, spürt man schnell, dass Erfurt der Familie wichtig geworden und ans Herz gewachsen ist.

 Regionale
moderne Küche

 www.hotel-zumnorde.de/kulinarik
0361 / 56 80 426

 Grafengasse 2 - 6
99084 Erfurt

Pulled-Gans-Burger

Für 8 Personen • Zubereitungsdauer: ca. 4 Stunden

Hierbei handelt es sich eigentlich um fünf Rezepte in einem. Da sich jede Komponente aber auch bestens mit anderen Rezepten kombinieren lässt, haben wir das Rezept in fünf Einzelrezepte aufgeteilt.

- 4 Gänsekeulen (ca. 1800 g)
- 500 ml Wasser

Für die Marinade
- 3 Knoblauchzehen
- 1 TL Koriander
- Saft von ½ Limette
- 1 TL Chili
- 2 EL Sesamöl
- 1 TL Salz
- Pfeffer nach Belieben
- 3 EL Honig
- 1 EL Sojasauce
- 2 cl Sake
- 2 EL Paprikapulver geräuchert

PULLED GANS

Alle Zutaten für die Marinade verrühren.

Danach die Gänsekeulen waschen, trockentupfen und die Haut einschneiden. Als Nächstes die Keulen mit der Marinade bestreichen und mit der Hautseite nach oben in einen Bräter legen. Mit dem Wasser angießen und bei 120°C abgedeckt in den Ofen schieben. Nach ca. 2 Stunden den Deckel entfernen und die Gänsekeulen noch weitere 30 Minuten ohne Deckel weiter garen.

Die Keulen aus dem Ofen nehmen, etwas auskühlen lassen und das Fleisch von den Knochen lösen. Mit einer Gabel das Fleisch zerzupfen und mit dem Bratenfond mischen.

BURGER-BRÖTCHEN

- 870 g Dinkelmehl
- 80 g Zucker
- 3 EL Salz
- 1 Würfel Hefe
- 340 ml Wasser
- 80 g Butter
- 1 Ei
- 2 EL Milch

Als Erstes Hefe mit Wasser, Salz und Zucker mischen und mit dem Mehl einen Teig herstellen. Dieser wird dann für ca. 5 Minuten geknetet.

Dann die Butter zufügen und weitere 5 Minuten kneten. Anschließend darf der Teig eine Stunde ruhen.

Danach noch einmal durchkneten und ca. 120 g schwere Kugeln abdrehen. Diese werden mit etwas Abstand auf ein Backblech gelegt und dann abgedeckt, damit sie nochmal eine halbe Stunde bei Zimmertemperatur gehen können.

Das Ei und die Milch verrühren und die Brötchen damit bestreichen. Eventuell mit etwas Sesam bestreuen und bei 160°C ca. 15 Minuten backen.

ROASTED-SESAM-DIP

- 60 g Mayonnaise
- 30 g Sesam
- 2 cl Reisessig
- 50 ml Kokosmilch
- 1 EL Sesamöl
- 2 EL Sesampaste

Den Sesam in einer beschichteten Pfanne goldbraun rösten und dann anschließend alle Zutaten miteinander verrühren.

SWEET-CHILI-SAUCE

- 2 EL Chiliflocken
- 1 EL Sojasauce
- 60 ml Reisessig
- 1 TL Salz
- 120 g Zucker
- 180 ml Wasser
- 3 Knoblauchzehen
- 1 EL Speisestärke

Für die Sweet-Chili-Sauce zunächst 4 EL Wasser abnehmen und die Stärke damit anrühren. Die Knoblauchzehen hacken oder durch eine Knoblauchpresse drücken und mit den anderen Zutaten in einem Topf aufkochen.

Die entstandene Sauce dann mit der angerührten Stärke abbinden. Danach in ein geeignetes Gefäß umfüllen und auskühlen lassen.

PULLED GANS BURGER

aus unseren Rezepten
- Pulled Gans
- Burger-Brötchen
- Roasted Sesam Dip
- Sweet-Chili-Sauce

frisch dazu:
- 1 Kopf Pak Choi
- 500 g Asia-Sprossen Mix

Pak Choi waschen und in etwa 1 cm große Streifen schneiden. Anschließend in einer Pfanne anschwitzen und mit Salz und Pfeffer nach Belieben würzen.

Die Brötchen aufschneiden. Die untere Hälfte mit Sweet Chili Sauce bestreichen.

Anschließend den Pak Choi auf dem Brötchen verteilen, darauf das Gänsefleisch legen. Das ganze mit den Sprossen belegen.

Die obere Brötchenhälfte mit dem Sesamdip bestreichen, obenauf legen und mit einem Holzspieß fixieren.

Als Beilage passen Süßkartoffel-Pommes einfach perfekt dazu!

Ein süßer Abschluss

Zum Ausklang des Buchs, und auch des Jahres, haben wir uns für ein Weihnachtsgebäck entschieden, denn die Vorweihnachtszeit ist eine der schönsten, um Erfurt zu besuchen. Der Weihnachtsmarkt auf dem Domplatz ist fast jedes Jahr unter den beliebtesten im ganzen Land und in den kleinen Gassen, Biergärten und Innenhöfen kommt man gern zusammen, um einen Glühwein zu trinken. Dass die Erfurter neben dem Weihnachtsmarkt eine Vorliebe für komische Vokabeln haben, zeigt sich aber auch zu dieser Zeit. Denn was den meisten unter dem Begriff Stollen bekannt ist, nennt der Erfurter auch gern mal Schittchen. Sorgen sind aber unbegründet, denn das Gebäck schmeckt genauso süß und nach Weihnachten wie ein Dresdner Christstollen. Vielmehr geht es hierbei um die Form, die an einen Holzscheit erinnern soll.

Die Form verlassen wir nun auch noch und weichen ein bisschen vom gewohnten traditionellen Rezept ab. Dafür gibt es die typischen Erfurter Farben. Das ist doch auch etwas, oder?

Erfurter Schittchen-Konfekt

Kleines Stollenkonfekt • Zubereitungsdauer: ca. 2 Stunden

- 100 ml Milch
- 60 g Zucker
- 1 TL Vanilleextrakt
- ½ Würfel frische Hefe
- 1 Prise Salz
- 280 g Mehl
- 100 g Butter
- 1 EL Rum oder Rum-Aroma
- 75 g getrocknete Cranberrys
- 50 g Orangeat
- 1 TL geriebene Zitronenschale
- 50 g gehackte Mandeln
- 75 g Puderzucker
- 25 g geschmolzene Butter

Optional
- 100 g Marzipanrohmasse

Zunächst wird ein klassischer Hefeteig hergestellt. Die Milch sollte dafür mindestens Zimmertemperatur haben oder leicht erwärmt werden, aber auf keinen Fall heiß sein. Darin wird die Hefe und der Zucker aufgelöst. Mit dem Mehl und dem Salz zu einem Teig verkneten und abgedeckt für 20 Minuten bei Zimmertemperatur gehen lassen.

In der Zwischenzeit Mandeln, Cranberrys und Orangeat grob hacken und mit der weichen Butter vermischen. Nach 20 Minuten wird dann alles in den Hefeteig eingearbeitet und geformt bis ein homogener Teig entstanden ist. Dieser darf dann nochmal zugedeckt für 30 Minuten gehen.

Den Backofen auf 180°C Ober-/Unterhitze oder 160°C Umluft vorheizen. Den Teig auf einer Arbeitsfläche ausrollen und in ca. 30 gleich große Stücke teilen. Wer Marzipan mag, teilt dieses in kleine haselnussgroße Kügelchen. Diese werden dann jeweils in der Mitte eines Teiglings platziert, mit Teig komplett umschlossen und auf ein Backblech gelegt. (Funktioniert wie beim Klöße füllen.) Mag man kein Marzipan, kann man das natürlich auch weglassen.

Die Teiglinge mit etwas Abstand auf ein Backblech legen und ca. 15 bis 20 Minuten goldbraun backen.
Anschließend die restliche Butter schmelzen und die noch warmen Ministollen damit bestreichen. Zum Schluss in Puderzucker wälzen.

Fertig ist das Erfurter-Schittchen-Konfekt zum Verschenken, Aufbewahren oder direkt Vernaschen.

Ende

Natürlich war das noch nicht alles, aber spätestens jetzt ist hoffentlich allen klar und deutlich geworden, dass Erfurt eine ganze Menge auf den Teller bringt. Kein Buch aus Erfurt ohne Goethe-Zitat und der schrieb: „Willst du immer weiter schweifen? Sieh, das Gute liegt so nah." Wer kulinarisch interessiert und ein echter „Foodie" ist, der kommt also auch in unserer schönen Thüringer Landeshauptstadt voll auf seine Kosten. Vielleicht also elf gute Gründe, mal wieder nach Erfurt zu kommen.

Wir bedanken uns bei allen Gastronomen und Restaurants, die sich Zeit genommen haben für unsere Idee und für das Vertrauen, dass uns entgegen gebracht wurde. Und wer sich hier nicht wiederfindet, aber gern dabei gewesen wäre, meldet sich einfach gern bei uns, denn man soll ja bekanntermaßen niemals nie sagen. Viele tolle Rezepte warten vielleicht darauf, in einer Fortsetzung vorgestellt und nachgekocht zu werden.

Vielen Dank fürs Lesen und jetzt wünschen wir euch großartige Genussmomente in einem Erfurter Restaurant und ganz viel Spaß beim Nachkochen zuhause.

Karo und Frank

Rezeptverzeichnis A bis Z

Danksagung

Die letzte Seite wird genutzt, um Danke zu sagen, all den Menschen, die uns und dieses Buch so tatkräftig und auch selbstlos unterstützt haben.

Wir bedanken uns ganz herzlich bei allen Restaurants und den Menschen dahinter für tolle Interviews, Gespräche und die superleckere Bewirtung. Der Plan, ein Buch über Erfurts Restaurants zu schreiben und sich dabei durch sämtliche Speisekarten zu futtern, ist aufgegangen. (Das müssen wir nun nur noch unserem Kleiderschrank erklären.)
Auch dass wir so viele tolle Rezepte bekommen haben, freut uns sehr. Wir hatten viel Spaß beim Nachkochen und hoffen, dass jeder Leser dabei mindestens genauso viel Freude hat.

Danke auch an das Team vom Fotoloft Erfurt, das uns bei den Interviews begleitet hat und die tollen Betreiber, Köche und Gastronomen, aber auch die Stimmung in den Restaurants eingefangen hat. So schmeckt man nicht nur, sondern sieht auch auf den ersten Blick, wie bunt und vielfältig Erfurt kocht und isst.

Ein großes Dankeschön geht außerdem an die Menschen hinter den Kulissen. Dem DESIGNKOLLEKTIV Erfurt, unserem Anlaufpunkt für Ideen, Austausch und immer einer Direktversorgung mit Koffein und Mate-Tee.
An unsere Lektorin Antonia Grunert, die diverse Fehler gefunden und korrigiert hat und zudem unser Zeitmanagement nie in Frage gestellt hat.

Nicht zuletzt an unsere leidensfähigen Partner und Familien, die oft mit angepackt und in den letzten Wochen auch mal beide Augen fest zugedrückt haben. Fürs Probieren, Küche aufräumen und Möbel auf den Petersberg schleppen, weil „wir da so eine Idee" hatten.

Wir hoffen, ihr hattet Spaß beim Lesen, besucht unsere schöne Stadt und Wahlheimat und habt nun elf gute Gründe, mal wieder essen zu gehen. Auch unsere Gastronomen freuen sich – egal, ob in diesem Buch vertreten oder nicht – wenn sie auch in diesen schwierigen Zeiten volle Reservierungsbücher haben. Erfurt bleibt kulinarisch nur dann vielfältig, wenn wir das alle unterstützen und nur dann haben wir vielleicht die Chance auf eine Fortsetzung, über die wir uns natürlich sehr freuen würden. Wer da gern dabei sein möchte, schreibt uns gern eine Email.

IMPRESSUM

Texte & Rezeptfotos
Karoline Grossmann

Idee & Gestaltung
Frank Ziski

Verlag
Proof Verlag Erfurt
Gustav-Tauschek-Straße 1
99099 Erfurt
Telefon: 0361 75193608
E-Mail: verlag@proof-ef.de

Druck
Proof Druck- und Medienproduktion Erfurt
www.proof-ef.de

Lektorat
Antonia M. Grunert
www.traufeier.com

Restaurant-Fotos
Fotoloft Erfurt
www.fotoloft-erfurt.de

ISBN
978-3-94917-808-5